ゼロから スタートする 受験勉強

自分流で合格を つかみ取る

菅原 智
sugawara satoru

新評論

まえがき

　勉強ができる人のことを、「頭がよい人」だと誤解していませんか？
私も勉強が苦手だったころは、成績がよかった友人に対して、
「本当に天才だよね。普通の人とは頭のできが違うんじゃない？」
なんて冗談を言っていました。しかし、そんな私でも、自宅浪人でコツコツと勉強をした結果、英数理で全国6位をとれるまでに成績を伸ばすことができたのです。

　勉強に、生まれつきの才能やセンスは必要ありません。勉強ができる人に、もともと頭がよい人なんていません。自分にあった勉強法や生活スタイルを知り、粘り強く努力を続ければいいのです。
　成績を上げるためには勉強をしなければならない、こんなことは誰もが分かっていることです。でも、思うように勉強ができない現実に悩んでいる受験生がたくさんいるのです。

「やる気が続かなくて、不安になってしまう……」
「集中力が途切れてしまって、勉強が手につかない……」
「方法が悪いせいか、勉強しても成績が伸びない……」
「試験本番で頭が真っ白になってしまったらどうしよう……」

受験には不安や悩みがつきものとはいえ、そのことをすんなりと受け入れるのは難しいでしょう。きっとあなたも、「少しでも何とかしたい」、「現状をより良くしたい」と願ってこの本を手にしたことでしょう。でも、どうか安心してください。本書を読めば、このような不安や悩みは解消することが可能となります。

　やる気や集中力が続かないのは、性格や努力の問題ではありません。単純に、やり方が間違っているだけなのです。本書では、私自身が自宅浪人を乗り越えて第一志望校の東京工業大学に合格できた経験や、これまで3,000人以上の学生や社会人を指導して積み上げてきたノウハウをまとめました。きっと、あなたの不安や悩みが解消できるヒントが見つかることでしょう。

　受験に合格するためには、限られた時間で結果を出すための勉強をしなければなりません。そのためには、次の四つのステップで戦略的に勉強を進めていく必要があります。

　　ステップ①──目標となる志望校を決める。
　　ステップ②──志望校に合格するための勉強計画を立てる。
　　ステップ③──勉強計画を実行する。
　　ステップ④──試験本番で実力を出し切る。

　何事においても、初めの1歩を踏み出すときに一番大きなエネルギーを必要とします。でも、踏み出しさえすれば、その勢いで2歩目、3歩目は自然と進められるものです。受験勉強の初めの1歩は志望校を決めることであり、2歩目は現状と目標の差を埋めるための勉強計画を立てることと言えるでしょう。

　前著『未来を変える受験勉強』（新評論刊）では、スムーズに受験勉強をスタートするための心構えや、長期的な勉強計画の立て方などを重点的

に説明しました。ステップ①と②に不安を抱えている受験生は、『未来を変える受験勉強』をあわせて参考にすることによって、あなたに合った勉強計画を立てることができるはずです。

　本書では、受験を意識し始めた高校生や受験勉強に対して不安や悩みを抱えている受験生、試験本番で実力を出し切りたい受験生を主な対象者として説明していきます。

　初めの1歩を踏み出した受験生にも、その後に乗り越えるべき壁がたくさんやって来ます。これまでの指導経験から、ステップ③の段階で受験生がぶつかりやすい壁は、「やる気が続かない」、「集中力が途切れてしまう」、「自分に合う勉強法が見つからない」の三つと言えます。

　そこで、第1章から第3章では、それぞれ「やる気」、「集中力」、「勉強法」について説明していきます。さらに第4章では、科目別の勉強法を詳しく紹介します。勉強しているのになかなか成果が出ないという受験生は、ぜひ参考にしてください。

　受験はどれだけ多くの時間をかけて勉強しても、ほんの数時間の試験で勝負が決まってしまいます。そのため、試験日まで時間的な余裕があるうちは実力をつけるための勉強が大切となりますが、受験シーズンに入ったら、本番で実力を出し切るための勉強に切り替える必要があります。そこで、第5章では受験シーズンに特化した勉強法を説明します。さらに第6章では、試験直前に抱えやすい不安やプレッシャーに打ち勝つための思考術を紹介します。

　そして最後の第7章では、大学入学後の生活についてお話しします。受験に合格することが人生のゴールではありません。ところが、受験への不安と焦りから、「将来につながる大学」よりも「合格しやすい大学」を優先してしまう受験生が後を絶たないのです。

　合格は、ゴールではなく新しいスタートなのです。あなたが大学に進むのは、卒業してから有意義な人生を送るためであることを忘れないでください。

高校生にとって、大学受験ほど大きな壁はありません。私自身の人生を振り返ってみても、自宅浪人の1年間は非常に辛くて苦しいものでした。でも、その壁を乗り越えた成功経験が「やればできる！」という大きな自信となり、今の自分を支え続けています。**ひたむきな努力なしに成功する方法というものは、決してあなたの力にはなりません。**受験という壁に真正面からぶつかっていける人だけが、「人」として成長できるのです。本書に書いてある内容を実践し、ぜひ、あなたも合格と自信を勝ち取ってください。

もくじ

まえがき 1

第1章 勉強への「やる気」を継続させる習慣術 17

- **❶ やる気が続かない理由** 18
- **❷ なぜ、受験勉強を頑張らなくてはいけないのか** 19
- **❸ マイナス思考を断ち切るためのテクニック** 22
  - ❶ないものではなく、あるものを考える 22
  - ❷プラスの行動を意識する 23
  - ❸ストレスをこまめに発散する 23
- **❹ 大学のキャンパスで受験勉強をしよう** 24
- **❺ 自宅浪人の私がやる気を継続できた理由** 27
  - ❶平日と休日に勉強できる時間 28
  - ❷勉強に集中できる時間帯 28
  - ❸参考書や問題集を進められるペース 28
- **❻ 受験を乗り越えるただ一つの方法** 29
- **❼ 人生は「挑戦」か「無」のどちらかである** 31

第2章 勉強への「集中力」を高める自己管理術 35

- **❶ 勉強の効果を高める三つの要素** 36

❷ 部屋の様子は頭の状態を表す 38
- ❶いらないモノを捨てる 39
- ❷モノの置く位置を決める 39
- ❸使った直後に元の場所に置き直す 40

❸ 身体の疲れは考え方で取ろう 40

❹ 心の疲れを取るためのテクニック 42
- ❶暖色と寒色の効果を使い分ける 43
- ❷アロマの香りを楽しむ 43
- ❸お風呂で1日の疲れをとる 44
- ❹笑顔を作ってみる 44
- ❺軽く身体を動かしてみる 45
- ❻場所を変える 45
- ❼手帳に遊びの予定を書き込む 46
- ❽自分のストレス状態を知る 46
- ❾優先度が低くても、すぐにできることは今すぐこなす 47
- ❿納得して休みをとる 47

❺ 体調管理で意識するべき三つのポイント 48

❻ 効果的な睡眠を取るための秘訣 50
- ❶スッキリと起きられる睡眠時間 51
- ❷理想の睡眠時間は6時間以上 52
- ❸無理せず睡眠時間を短くする方法 53
- ❹効果的な睡眠がとれるベストな時間帯 54
- ❺寝る直前に身体の中で起こる変化 55
- ❻カフェインとストレスに注意 56
- ❼ぐっすり眠るための環境づくり 56

❼ 誰でも簡単にできる早起きテクニック　57
- ❶早く寝ることから始める　57
- ❷寝る前の習慣事を作る　58
- ❸アラームを遠くに置く　58
- ❹起きるのが苦痛にならない工夫をする　58
- ❺布団の中で強くイメージする　59
- ❻朝のルーチンワークを決める　59
- ❼朝はやりたいことをやる　60
- ❽無理をしない　60

❽ 今すぐ集中力を高めるためのテクニック　61
- ❶スイッチアクションを実行する　61
- ❷五感を研ぎ澄ます　62
- ❸パワーナップの効果を利用する　63

第3章　成績が上がらない「勉強法」を立て直す改善策　65

❶ 第1志望校を諦めようかと悩んだとき　66

❷ 厳しい状況から合格できた受験生の共通点　68

❸ 毎日頑張っていても結果が出ない理由　71

❹ 目標達成のプロが使っているSMARTの法則　72
- ❶ S（Specific）：具体的である　72
- ❷ M（Measurable）：測定可能である　73
- ❸ A（Agreed upon）：同意している　73
- ❹ R（Realistic）：現実的である　73

❺ T（Timely）：期限がある　74

❺ 勉強法を改善するための五つのステップ　74
❶短期的な勉強計画を立てる　74
❷勉強量のデータをとる　75
❸長期的な勉強計画を立てる　75
❹勉強の質のデータをとる　75
❺勉強法を修正して、再び長期的な勉強計画を立てる　76

❻ 模試を最大限活用するために意識するべきこと　76
❶模試を受けるにあたって　76
❷模試を受ける前の準備　77
❸模試を受けているとき　78
❹模試を受けたあとの復習　79

❼ 受験における一番の失敗とは　80

第4章　科目別の勉強法マニュアル　83

❶ 英語の勉強法　84
❶定期テストとの違いを意識して勉強しよう　84
❷受験英語で求められるスキルと要素　84
❸暗記が苦手だった私の英単語の覚え方　85
❹知らない単語の意味を推測する方法　87
❺英文を理解するために文型を理解しよう　88
　コラム 「基本5文型」　89
❻長文の読解スピードを格段に上げる方法　90

❼的外れな英作文をしないためのコツ　92
❽受験後も英語を使いこなすための勉強法　93

❷ 数学の勉強法　95
❶理解できるところから積み上げよう　95
❷理解できているかどうかを確認する方法　95
❸ケアレスミスが減らない理由　97
❹数学語への翻訳に慣れよう　98
❺問題を解かない復習法で効率アップ　99
❻解答スピードを上げる方法　101
❼数学を楽しもう　102

❸ 国語の勉強法　103
❶国語力を高めるために必要なこと　103
❷文章の構造を図式化できるようにしよう　104
❸限られた時間で文章を読み解くテクニック　106
❹「現代文」は問題形式に慣れることが大切　107
❺「古文」と「漢文」は基礎を大切にしよう　108

❹ 理科の勉強法　109
❶理解の土台となる力とは　109
❷理科が苦手な受験生の勘違い　110
❸理科が得意な受験生に共通する解き方　111
❹過去問で出題傾向を調べておこう　114
❺難問はシンプルな問題の組み合わせ　114

❺ 社会の勉強法　115
❶初めに科目の全体像をつかもう　115
❷重要なポイントを一か所にまとめよう　115

❸一問一答式の問題集の使い方　116

❹事実の背景を知って知識をより深めよう　118

❺満点を目指さない　119

第5章 受験シーズンの勉強法マニュアル　121

❶ 受験シーズン直前の勉強法　122

❶試験日から逆算をして勉強計画を立てよう　122

❷できるだけ早いタイミングで過去問を解こう　123

❸中途半端な理解を完璧な理解にしよう　125

❷ 受験シーズンに入ってからの勉強法　126

❶センター試験の範囲外の分野を復習しよう　127

❷一つ一つの試験に区切りをつけよう　127

❸生活リズムを崩さないようにしよう　128

❸ マーク形式の問題への対策法　129

❶解答用紙のマーク欄をまとめて塗る　130

❷問題を解く順番と制限時間を決めておく　131

❸正答は選択肢のなかに必ずある　132

❹マークの場所によって入る数字は限られる　134

❺問題を解いていない時間も試験の一部と考える　137

❹ 論述形式の問題を解くときに意識するべきこと　138

❶設問の内容を正確に把握しよう　139

❷論理的な文章を作ろう　139

❸自分の考えを述べよう　140

- ❹ 具体的な行動や体験を織り交ぜよう　140
- ❺ 人や本との出会いを活かそう　141
- ❻ 世の中の流れに乗ろう　141

❺ 論理的な文章を機械的に作るための四つのステップ　142

- 【ステップ１】主張を決める　143
- 【ステップ２】ピラミッドストラクチャを書く　143
- 【ステップ３】読み手を説得できる根拠を洗い出す　145
- 【ステップ４】ピラミッドストラクチャを文章にする　147

❻ 面接で自分の考えをうまく伝えるテクニック　148

- ❶ 話す内容を整理しよう　149
- ❷ 話し方を工夫してみよう　149
- ❸ 人の目を使おう　150

第6章　試験本番の「プレッシャー」に打ち勝つ思考術　151

❶ 東大生でも受験のプレッシャーを感じている　152

❷ 受験校を決めるときに注意するべきこと　153

- ❶ 本当に行きたい大学・学部を選ぼう　154
- ❷ 勢いに乗れる受験スケジュールを立てよう　154
- ❸ 周りの影響を受けない　155

❸ 夢の可能性を広げる奨学金制度　156

- ❶ 独立行政法人日本学生支援機構（旧・日本育英会）　157
- ❷ 地方自治体　157
- ❸ 企業・民間団体　157

❹各大学（東京大学・京都大学・一橋大学・東京工業大学・早稲田大学・慶應義塾大学）　158

④ 不安と焦りに打ち勝つための五つのテクニック　167
❶自分のことだけを考える　167
❷度の超えたことをしない　168
❸やらないことを決める　169
❹「今できること」に集中する　170
❺プラスの情報に触れる　170

⑤ 緊張に打ち勝つための五つのテクニック　171
❶身体で緊張をコントロールする　171
❷もっと緊張する場面を想像する　172
❸実力以上の結果を求めない　173
❹ミスを受け入れる　174
❺完璧な準備をする　175

⑥ 試験前日と当日にやるべきこと　175
❶試験前日──寝るまで　176
❷試験当日──起きてから出発まで　176
❸試験当日──会場到着から試験開始まで　177
❹試験当日──試験　177
❺試験当日──１日目から２日目まで（複数日の場合）　178

⑦ 受験本番で力を発揮するための３か条　178
❶万全の体調で試験日を迎えよう　179
❷周りに動揺しない　180
❸最後の１秒まで全力を尽くそう　181

⑧ 最後に逆転合格を勝ち取るために　182

第7章 受験の先にあるあなたの「未来」 185

❶ 「成功」とは何かを考えてみよう　186

❷ 未来はいくらでも変えられる　187

❸ 予備校に行くか、自宅浪人を選ぶか　189
　❶自分に合った勉強計画を立てる　190
　❷分からないことの解決法をもっている　190
　❸運動する習慣をもっている　191
　❹生活リズムをコントロールできる　191
　❺心のつながっている仲間がいる　192

❹ 私が大学時代に取り組んだこと　193

❺ 社会に出るときに求められる力　195
　❶前に踏み出す力　196
　❷考え抜く力　197
　❸チームで働く力　198

❻ 仕事で成功するための秘訣　200

❼ 大学生になるあなたへ　202

|付録| 試験の持ち物チェックリスト　205
あとがき　206

ゼロからスタートする受験勉強

――自分流で合格をつかみ取る――

第 **1** 章

勉強への「やる気」を継続させる習慣術

「合格できるかも」という想いが、明日へのやる気につながる
（東工大キャンパス）

1 やる気が続かない理由

　私は、決して有名進学校とは言えない、ごく普通の公立高校に通っていました。成績は中の上くらいだったでしょうか。学校の定期テストでは、平均点を超える科目もあれば、下回る科目もあったという状態でした。陸上部のキャプテンをしていたこともあり、普段は勉強よりも部活動のことばかり考えていたという、ごく平凡な高校生だったのです。

　案の定、現役生のときには第一志望の大学には合格できませんでした。その後、受験費用を捻出するためにフリーターをしながら試行錯誤をして独自の勉強スタイルを確立した私は、大きく成績を引き上げることに成功しました。そして1年後、ついに本命の東京工業大学に合格することができたのです。

　いかがですか。ここまで読んで、どのように感じましたか？

「自宅浪人で合格なんて、よっぽどやる気があったんだろうな……」
「一人で勉強し続けるなんて、自分には絶対に無理！」

　自宅浪人の1年間は、このうえなく辛いものでした。正直にお話しすると、私は決して気持ちの強い人間ではありません。ずっと独学で勉強を進めていたため、「この勉強法で大丈夫なのだろうか？」という心配ばかりしていました。受験のストレスから、目に針が刺さるような痛みに襲われて、一日中、ベッドで目をつむったままの生活が3週間も続いたことがありました。

　受験勉強をしていると、ふと不安になったり、ネガティブな感情が押し寄せてきたりするというのが普通です。毎日のように悩んでいると、「どうして、こんなにマイナス思考なんだろう……」と、自分自身を責めてしまうこともあるでしょう。

でも、ここであなた自身を責める必要はありません。私達は普段の生活のなかで様々なことを考えながら過ごしていますが、その90％がマイナスのことであると一般的に言われているからです（『幸運を呼びよせる朝の習慣』佐藤伝、中経出版、2006年参照）。
　マイナス思考は、連鎖しやすい性質をもっています。さらに受験というプレッシャーがかかる状況を考えれば、あなたが悩んでしまうのも当たり前のことなのです。だから、自分はマイナス思考だなんて落ち込まなくてもいいのです。
　気持ちが前を向いていないときは、どうしてもやる気が出ません。ここに、やる気が続かない理由があります。大切なことは、ふとマイナス思考になってしまったときに「自分にはできない」と結論づけないことです。「きっと合格できる！」と思いながら勉強を進めるか、「どうせ合格できない……」と思いながら勉強を進めるか、あなたの気持ちのもち方次第なのです。
　あなた自身が「できない」と思っていることは、間違いなくできません。「できる」と思っていれば、できる可能性も出てくるのです。
　同じ勉強をするにしても、気持ちのもち方でその効果に大きな差が出ます。あなたを一番信じることができるのは、あなた自身なのです。ぜひ、「自分はできる！」と信じて勉強を進めてください。

2　なぜ、受験勉強を頑張らなくてはいけないのか

　私は大学に入ってから、塾講師として多くの受験生を志望校に導いてきました。その後、受験生向けのブログを開設して、全国の受験生や親御さんから相談を受けています。
　相談の内容は、勉強方法から不安やプレッシャーとの向き合い方、そし

て進路や将来に関するものまで実に様々です。特に多いのが、気持ちのもち方についての相談です。なかには、あまりの深刻さに強く印象に残っているものもあります。

> 今まで必死に頑張ってきましたが、最近は問題集を見るだけで吐き気がして、勉強が手につきません。受験のことを考えるだけで涙が出てきてとても苦しいです。しまいには、「人間はいつか死ぬのに、どうして頑張っているんだろう」とまで考えるようになりました。どうすればいいでしょうか……。

　少し大げさでは……と感じる人もいれば、同じようなことを考えた人もいるでしょう。先にお話しした通り、受験生がマイナス思考になってしまうのは当たり前のことなのです。私が自宅浪人のストレスで目が開けられなくなったとき、ずっとベッドに寝転がって、目をつむって音楽やラジオを聴くという毎日でした。それに、3週間もあると実にいろいろなことを考えてしまいます。

「毎日寝てばかりいて、東工大に合格できるのかな……」

　焦っても目が治らないとは分かっていたのですが、一度マイナス思考のスイッチが入ると、芋づる式に悪いことばかりが押し寄せてきます。

「どうせ試験なんて一瞬で終わっちゃうのに、どうしてこんなに頑張り続けないといけないんだろう……」

と、勉強することの意義さえ疑問に感じたこともありました。そして、先ほどの相談と同じように、私も生きることの意味まで考えるようになっていたのです。

　確かに、誰だっていつかは死んでしまいます。でも、私が考え抜いて辿りついた結論は、死ぬときに

「まあまあ楽しい人生だったなぁ」
と思えるような人生を送りたいということでした。つまり、後悔のない人生を送りたい、と強く感じたのです。

　それでは、どうすれば後悔のない楽しい人生を送ることができるのでしょうか。それは、何かに向かって必死に頑張り続けることです。本当に頑張っているときは、時間を忘れるぐらい夢中になっているものです。あとから振り返って「楽しかった」と思えるのは、きっとこのような瞬間なのです。
　人生には、いつか必ず終わりが来ます。だからこそ、「一生懸命」になって、楽しい瞬間を思う存分味わいましょう！

　受験は合否が出るものなので、どうしても結果だけに意識が行きがちとなります。でもそれが、毎日を一生懸命に頑張り抜いた結果なら、きっと後悔はしないでしょう。そして、毎日を頑張ることがよい結果につながる唯一の方法と言えます。
　受験には、それぞれの悩みやプレッシャーなど、その人なりの辛さが必ずあります。でも、これだけは覚えておいてください。**今あなたが抱えている困難は、必ずあなた自身の成長につながります**。そして、その困難を乗り越えたあなたは、将来、同じ困難に直面した人たちを勇気づけることになるのです。
　私が受験で苦しんでいるとき、まさか自分が受験生からの相談を受けたり、このような本を執筆したりするなんて考えもしませんでした。でも今、私の本やブログを読んで、「元気づけられました」というメッセージを送ってくれる人が大勢いるのです。心から「嬉しい！」と言えます。このたった一言で、受験のころの苦しみがすべて報われるような気がします。
　私は、受験の経験が今の自分をつくっていると思っています。あのときの困難は、私にとって必要なことだったのです。良いことであれ、悪いこ

とであれ、今あなたの周りに起こっていることには必ず意味があります。そして、それらのすべてが今後のあなたの力になるのです。受験をきっかけに、より強い自分に生まれ変わってください。

3 マイナス思考を断ち切るためのテクニック

　ここまで、受験生が不安やプレッシャーを感じるのは仕方のないことだとお話ししてきました。とはいえ、マイナス思考のままやる気を維持するというのは難しいことです。気持ちには波があります。この事実を踏まえたうえで、マイナス思考になってしまったときに、それを断ち切るためのテクニックを紹介しましょう。

❶ ないものではなく、あるものを考える

「試験日まで、もう時間がない！」
「ボーダーラインまで、点数も偏差値も足りない……」

　気持ちが後ろ向きになっていると、どうしてもこのように考えてしまいます。でも、ないものを気にしてしまうと、そこからマイナスの連鎖がスタートしてしまいます。ないものを気にしても、それが現れるわけではありません。それに、マイナスのことを考えれば考えるほど勉強時間が少なくなってしまいます。ないものを考える代わりに、あるもののことを考えてみてください。

「試験までの時間をうまく使うためには、どうすればよいだろう？」
「間違えた問題を理解していけば、確実に実力は上がっていくはずだ！」

　このように、残されている時間や実力の伸びしろがあることを考えれば、

自然とプラス思考に切り替えることができます。

❷プラスの行動を意識する

　気分がひどく落ち込んでしまったときには、簡単に「頑張らなくちゃ」と切り替えることができません。心の問題を頭だけで解決するのは難しいものです。ところが、行動については、意識して変えていくことが簡単にできます。

　身体と心の状態は深くつながっています。スキップをしながら嫌なことを考えられる人はさすがにいないでしょう。気持ちが下を向いてしまったときには、少し身体を動かしたり、アップテンポの音楽を聴いたりしてみてください。また、普段から言葉に気を付けてみるのもいいでしょう。まず、「どうせ……ない」という否定的な言葉は避けるようにしてください。

「どうせ数学は苦手だから、よい点数なんて取れるわけがない……」

なんて言わずに、

「数学はまだ伸びる可能性があるから、もし得意にすることができたら大きく伸びるはずだ」

と、考えて欲しいのです。

　さらに、愚痴や他人の悪口などを言うのもやめましょう。否定的な言葉を発すると、それを聞いた相手から、「そうだよね。実は、私も……」というような、同じく否定的な言葉が跳ね返ってくるだけです。

❸ストレスをこまめに発散する

　前のめりになって勉強に意気込んでいる人ほど、10時間以上集中して勉強できるような調子のよい日と、まったく勉強ができない、気分の乗らない日との差が激しくなりやすいものです。これはごく自然なことで、「成るべくして成った」と言えるかもしれません。

繰り返しますが、やる気には波があり、その波には振幅があります。大きい山のあとには、必ず大きい谷がやって来るのです。常に意気込みすぎている人は、「友達と遊びたい」、「買い物に出掛けたい」という気持ちを無理やり抑え込んで勉強をしようとします。そのときは勉強ができても、抑え込んだ気持ちはストレスになって溜まっていきます。そして、いつか爆発してしまう危険性があるのです。

　そうすると、たくさん勉強できる日もあれば、ストレスが表面化して勉強が手につかなくなる日もあったりして、勉強の量に波が出やすくなるのです。普段から頑張りすぎずに、日々ちょっとした気晴らしを入れて、ストレスをこまめに発散していくことが大切です。

　誤解を恐れずに言うと、受験生だからといって、今ある時間のすべてを勉強に費やす必要はないと私は考えています。もちろん、頑張るのはよいことですが、頑張りすぎると必ずどこかに反動がきます。

　定期テストであれば、少しくらい無理をしても大きな谷がやって来る前に乗り切れるかもしれません。しかし、受験は長丁場です。頑張れる日と頑張れない日が交互にあると、せっかく勉強したことが次々と頭から抜けていってしまいます。ゆっくりでも、毎日頑張り続けられる人が着実に力をつけていくのです。

4 大学のキャンパスで受験勉強をしよう

　前節では、気分が落ち込んだときに立て直すためのテクニックを紹介しました。ちなみに、私が主催している受験生向けのセミナーにおいて、気分を立て直すための方法を参加者に聞いてみたところ、「オープンキャンパスの資料を見る」という回答がありました。確かに、キャンパスの写真を見たり、大学生活を送っている先輩達の様子を読んだりすれば、自分の

大学の雰囲気を肌で感じることが、やる気に火をつける！（東工大キャンパス）

将来がイメージできてやる気も上がるでしょう。
　でも、それよりも強く合格後のイメージができる方法があるのですが、どのような方法だか分かりますか？
　それは、実際に大学に足を運ぶことです。試験当日になって初めて大学に行く受験生も多いようですが、人は分からないことがあると不安になったり緊張したりしてしまいます。事前に分からないことを一つでもなくすために、せめて試験会場の場所くらいは確認しておいてください。

　大学の雰囲気を体感しようと、オープンキャンパスに参加する受験生もたくさんいるでしょう。でも私は、オープンキャンパスの日にではなく、何気ない普通の日に大学に行くことをオススメしています。なぜかと言うと、大学にとってオープンキャンパスは高校生や親御さんを迎えるためのイベントであり、メイクアップして華やかな雰囲気を作り出しているから

です。希望大学の生(なま)の雰囲気を味わいたいのであれば、ぜひ、平日に大学へ行ってみてください。

　私が東京工業大学に入りたいと強く思うようになったのも、高校の開校記念日に見学したのがきっかけでした。**大学生の何気ない日常が、私のやる気に火をつけたのです。**

　キャンパス内を歩きながら将来の夢について熱く語り合っている学生もいれば、食堂には、間近に迫っている試験のために、必死に勉強を教え合っているグループがいました。グラウンドに行けば掛け声をあげながら走っている部活動の練習風景があり、耳を澄ませば遠くから管弦楽サークルの演奏が聞こえてきました。

　その場にいる学生や景色が、高校生の私にはすべてキラキラと輝いて見えたのです。「自分もこの大学に入りたい！」と、強く決心できた１日でした。

　最初は敷居が高く感じるかもしれませんが、多くの大学がキャンパスを一般公開しています。ぜひあなたも、ハイキング気分で大学に行ってみてください。平日に大学へ行けば、きっとやる気も高まるはずです。

　さらにもう一つ、希望大学に合格するイメージを深く頭に刻み込むための方法を紹介しましょう。それは、「大学のキャンパスで受験勉強をする」というものです。志望校が比較的近くにあるのであれば、大学のキャンパスやその近くのお店などで受験勉強をしてみてください。

　繰り返し大学に足を運び、その空間に慣れてしまえば、まず試験本番で緊張することはなくなります。また、もし受験勉強で悩み事などがあれば、その場にいる大学生にお願いして相談に乗ってもらうのもいいでしょう。将来、先輩となる現役大学生からのアドバイスは、必ずあなたの力になるはずです。自ら行動できる受験生には、無限の可能性が広がっているのです。

5　自宅浪人の私がやる気を継続できた理由

　ここまで、心がエネルギー切れになったときに元気を取り戻すための方法をお話ししてきました。ただ、できるなら、普段から心のエネルギーが切れないように意識をしておきたいものです。とはいえ、「私にはもともとやる気がない」と悩みながら本書を読んでいる人もいるかもしれません。

　そんな人にまずお伝えしたいのは、「やる気がない」というのは誤解だということです。本当にやる気がなければ、こうして本書を手にしているはずはありませんから。「何とかしなくちゃ！」という思いがあるからこそ、ここまで読み進めてくれたはずです。

　現状への問題意識をもっている人は、心の底にやる気の源をもっています。ただ、そのやる気を引き出す方法を知らないだけです。やる気が出ないのは、あなたの気持ちが弱いわけでも、努力が足らないからでもありません。やる気を引き出すためには、「自分にもできるかも」と思えるような勉強スタイルをつくればいいだけなのです。

　多くの受験生が精いっぱい頑張って、ようやく達成できるくらいの厳しい勉強計画を立て、それを乗り越えることで自信を得ようとしています。ところが、限界ギリギリの計画では、想定外のことがほんの少し起きただけで達成不可能となります。そして、自信を失い、やる気までもなくしてしまうのです。

　実は、逆なのです。必ず実行できるような勉強計画を立てて、それを達成し続けていくことが自信を生み出すためのポイントとなります。「**合格できるかも**」という想いが、明日へのやる気につながるのです。つまり、やる気を継続させるために大切なことは、自分に合った勉強計画を立てることだと言えるでしょう。

　このようなプラスのサイクルに乗ることが、やる気を維持して、乗り切

るために不可欠となります。

　私が自宅浪人でもやる気を継続できたのは、自分に合った無理のない勉強計画を作って、それを達成し続けたからにほかなりません。自分に合う勉強計画を立てるためには、以下の三つのことを知っておく必要があります。

❶平日と休日に勉強できる時間

　学校や予備校がある平日に自分の勉強時間を何時間確保できるのか、休日は何時から何時まで勉強できるのか、また朝型なのか夜型なのかについては、言うまでもなく人によって違います。

　まずは、自分にとって無理のない勉強時間を知っておく必要があります。でないと、実行できる勉強計画を立てることができないのです。

❷勉強に集中できる時間帯

　1日の勉強時間のなかで、あなたが特に集中できる時間帯はいつでしょうか。私は集中できる時間帯には苦手な文系科目を、食事の後などの集中力が切れやすい時間には得意とする理系科目に取り組んでいました。

　毎日のスケジューリングを工夫することが、1日全体を通して勉強量を増やすためのコツとなります。

❸参考書や問題集を進められるペース

　自分に合った勉強計画を立てるためには、あなた自身が参考書や問題集を進められる大体のペースを知っておく必要があります。参考書や問題集1ページ当たり、また1問当たりにかかる時間を知っておくとなおよいでしょう。そうすれば、参考書や問題集を仕上げるために必要な期間を事前に予想することができます。

　これらの三つのことを知るためには、試行錯誤するための期間が必要で

す。最初の数週間は余裕のある勉強計画を作っておいて、生活スタイルをいろいろ変えてみたり、時間を計りながら勉強して、自分の勉強ペースを計算するとよいでしょう。

　最初から計画通りに勉強が進まないと思いますが、それは当たり前です。徐々に、あなたに合った勉強計画が立てられるようになってください。

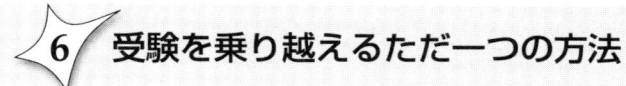

6　受験を乗り越えるただ一つの方法

　これから受験勉強を進めるなかで、勉強法や生活スタイルについて悩んだり、本やインターネットなどで情報収集を行うこともあるでしょう。試行錯誤するのはよいことですが、受験を乗り切ることだけに集中してしまうと、時に考えと行動が間違った方向に暴走してしまうことがあるので注意をしてください。

　受験は、頂上を目指して頑張り続ける山登りのようなものです。あなたは、エドモンド・ヒラリーという登山家を知っていますか。エドモンド・ヒラリー（1919〜2008）は、ニュージーランド出身の登山家で、1953年にエベレストの初登頂に成功した人物です。その実績が称えられ、イギリス女王から「サー（Sir）」の称号を授与されました。

　彼はその後、南極大陸横断など探検分野で活躍するだけでなく、自ら基金を募って学校や病院を建設するなど、福祉面の向上にも貢献しました。その活動によって周りからの信頼を集めた彼は、ニュージーランド紙幣に肖像画が描かれています（次ページ参照）。

　この実績だけを見ると、まさしく「成功者」と呼ぶにふさわしい人物でしょう。でも、一つの成功の裏には必ず多くの失敗があるものです。たくさんの偉業を残した彼も、決して例外ではありませんでした。

ニュージーランドの 5 ドル紙幣に描かれたエドモント・ヒラリー

　エベレストの初登頂に成功する前、彼は別の登山隊の一員として登頂に失敗しています。この失敗のときには、仲間の隊員 1 人が犠牲になりました。登頂に失敗して帰ってきた彼は、会見の際に次のように言い放ったそうです。

> 　エベレストよ、今回は私たちの負けだ。でも、必ず舞い戻って、次こそは登頂してみせる。なぜなら、山はこれ以上大きくならないが、私はもっと成長できるからだ。(『いかにして自分の夢を実現するか』ロバート・シュラー／稲盛和夫監訳、三笠書房、1992年参照)

　困難を乗り越えるには、自分が成長して大きくなるしかありません。そのためには、自分なら必ず目の前の山を乗り越えられると信じることが大切となります。
　受験も同じ！　その場しのぎのテクニックや、裏技のような方法で乗り切ろうと考えてはいけません。自分の実力を大きく越える大学に入れたとしても、その後に「授業についていけない」、「単位が取れない」という苦しみが待っているだけです。
　困難を小さくするのではなく、自分を大きくすることで受験という山を乗り越えましょう！

7 人生は「挑戦」か「無」のどちらかである

　本章の最後に、受験生からよくいただく質問を紹介しましょう。

　「将来、薬学系の仕事に就きたいと思っていました。でも、私はどちらかというと文系科目のほうが得意なので、大学に合格するために文転しようかと悩んでいます。菅原さんはどう思いますか？」

　勉強をしても成績が伸びないと、「自分には向いてないのかな……」と悩んでしまう気持ちはよく分かります。このような質問はとても多いのですが、私の回答はいつも同じです。
　私は、質問をしてくれた受験生に「文転はしないほうがいい」とキッパリ答えました。この受験生にとっての目標は「大学に合格すること」ではないからです。本当に目指すべきものは「薬学系の仕事に就くこと」であって、「大学に合格すること」はそのための方法でしかないのです。

　受験のプレッシャーが、時に大切な判断を狂わせることがあります。私が塾講師をしていたときにも同じような状況の生徒がいました。「得意科目を使ったほうが安全ですよね」と言って、安全に合格できることを基準にして大学や学部を決めようとしていたのです。
　確かに、得意科目を使えたほうが受験では有利かもしれません。でも、その合格の先に楽しく充実した人生が待っているのでしょうか。
　「安全」という判断基準で生活していると、「失敗しない」方向へ物事を進めていくようになってしまいます。そうすると、何事にもチャレンジできない体質になってしまうのです。
　失敗はしないけれど成功もしない――こんな人生、少し虚しくありませ

んか。本書を読んでくださっているあなたには、「将来やりたいこと」を基準にして大学や学部を決めてほしいと強く願います。

「将来やりたいことが見つからない」と言う人もいるでしょう。でも、焦らなくて大丈夫です。「将来やりたいことを見つけたい」という想いをもって、毎日ひたむきに目の前のことを頑張ってみてください。そうすれば、自然とやりたいことやあなたに向いていることが見つかります。

障がい者への福祉活動に尽力したアメリカの社会福祉事業家ヘレン・ケラー（1880〜1968）は次のように言っています。

> 安全などというのは、多くの場合迷信にすぎない。人生は、勇気を持って挑戦するか、何も無く空虚に過ごすかのどちらかである。（『「人を動かす人」になるために知っておくべきこと』ジョン・C・マクスウェル／渡邊美樹監訳、三笠書房、2010年参照）

ヘレン・ケラーは、子どものときに高熱を患って視力と聴力、そして言葉を失ってしまいました。不自由な生活を送ることになってしまいそうに思えますが、彼女自身はそう決めつけることはしませんでした。家庭教師の懸命な指導により、視力と聴力を失いながらも話すことができるようになったのです。

その後、彼女は勉強を続けて大学に合格し、卒業後に世界各地をめぐって様々な活動をスタートさせました。彼女はまさに、「無」ではなく「挑戦」の人生を送ったわけです。

どうか、失敗しない道ばかりを選んで人生を虚しく過ごさないようにしてください。喜びや楽しみなど、挑戦したからこそ得られるものがたくさんあります。また、挑戦して得られる悔しさや悲しみによって、人は強くもなれるのです。

そして、あなたがこれから夢を叶えるにあたって、「**夢は叶える瞬間よりも追いかける道の途中に大切なものが隠れている**」ということを心に留

めておいてください。私自身も、受験のことで強く印象に残っているのは、夢を追いかけている途中のことが圧倒的に多いです。もちろん、合格した瞬間の喜びも覚えていますが、今になって思い出すのは、受験勉強をして苦しんでいるときのことばかりです。

つまり、夢を叶えるために大切なのは、受験当日ではなくて、「今日1日なのだ」と言えるでしょう。あなたが大学生になってから、「あぁ、あのときはよく頑張ったな」と振り返るときに思い浮かぶのは、きっと受験当日ではなくて、まさしく今日のような何気ない1日となるはずです。

最後に、ヘレン・ケラーの言葉をもう一つ紹介します。

> 自分はこの程度の人間だと思った瞬間、それ以上の人間になることができなくなる。

合格までの道のりが長く思えて、前に進むのを諦めたくなるときもあるかもしれません。でも、**道のりが険しければ険しいほど、乗り越えたときの喜びも大きくなります**。その喜びが自信になって、あなたを強い人間に成長させます。将来の自分のためにも、精いっぱい頑張る1日を積み上げていきましょう！

第2章

勉強への「集中力」を高める自己管理術

考え方を変えることで行動が変わり、そして結果が変わっていく
（東大本郷キャンパス）

1 勉強の効果を高める三つの要素

「評判のよい参考書を買ってみたけど、全然理解ができない……」
「人気のある先生の授業を受けてみたけど、どうも頭に入ってこない」

こんな経験をしたこと、あなたにはありませんか？ いくらよい参考書や先生とともに勉強をしても、なかなか効果が出ないことがあります。それは、あるものが欠けているからかもしれません。一体、何が足りないのでしょうか。

私は大学・大学院を卒業後、IT系のセミナーを提供する人材育成会社に就職しました。セミナーは主に社会人を対象にしているため、日数は短いもので半日、長くてもせいぜい1週間です。

学校や予備校とは違って、ほんの数日間で受講者の力を伸ばさなければなりません。セミナーの価格は1日当たり数万円と、決して安いとは言えないものでした。そのため、セミナーを受けても効果がなかったら、「お金を返せ！」と言われてしまう厳しい世界です。

実際、他の講師のセミナーにクレームがあり、私が同じ内容のセミナーを別の日に実施し直したということもありました。

お金や時間にとてもシビアなIT系セミナー業界では、各社が凌ぎを削って効率のよい学習方法を追求しています。私が勤めていた会社のセミナーにも、多くの学習理論が持ち込まれていました。

ここでは、学習の効果を決定づける要素についてお話しします。一般的に、学習の効果は次に挙げる三つの要素によって決まると言われています。

❶環境
❷媒体
❸教え方

　この三つの要素には優先順位があります。まず、環境を整えることが最も大切です。勉強に集中できる最低限の環境が整って、初めて媒体や教え方が生きてくるわけです。
　❷の媒体とは、テキストや問題集のように勉強するときに使うもののことです。学校や予備校の授業においては、そのカリキュラムも媒体にあたります。そして、よいテキストやカリキュラムがあってこそ、❸の教え方や説明方法が生きてきます。
　よって、三つの要素の優先順位は「❶＞❷＞❸」となります。

　私が勤めていた会社では、それぞれの講師がより良い教え方を追求して切磋琢磨していたのはもちろんですが、何より教室の設備についても、受講者が少しでも学習しやすいように様々な面にわたって配慮をしていました。
　分かりやすい問題集を探したり、有名な予備校講師に教わろうとしたり、媒体と教え方について意識する受験生はたくさんいます。でも、それだけ素晴らしい媒体と教え方があっても、周りが騒がしかったり、その場が不快な温度や湿度であったりなど、勉強に集中できる環境がなければその内容は頭に入っていきません。
　勉強の効果を高めるためには、まず集中して勉強できる環境を整えることを意識してみてください。

2 部屋の様子は頭の状態を表す

　前節において、環境を整えることで学習効果は高められるとお話ししました。図書館や予備校の自習室で勉強すると集中しやすいのは、静かで無駄なものが置いていないなど、学習環境が整えられているからです。

　常に図書館や自習室で勉強することができればよいのですが、使える時間が限られているだけでなく、その場所まで往復する時間や労力も無視できません。やはり理想は、自宅でも集中して勉強できる環境を整えておくことです。

　そのために、まず部屋の掃除をしましょう！

　視界に様々なモノが入ると、脳は無意識のうちに「それは何なのか」を考えて余分なエネルギーを使ってしまいます。そのため、目の前の勉強に集中することができなくなってしまうわけです。

　また、部屋の様子はあなたの頭の中を表していると言えます。頭の中が混乱しているときや、忙しくてバタバタしているときには、部屋の中もいろいろなモノで散乱していることが多いのです。

　まずは、部屋に落ちているモノを拾って、床が見える範囲を広げてみてください。余計なモノがなくなれば、今までより集中して勉強ができるようになります。

　これまで多くの受験生に部屋の掃除をすすめてきましたが、特に自宅浪人生をはじめとする高校生に効果がありました。しかし、一部の受験生からは、

「モノがたくさんありすぎて、捨てるかと迷ってたら時間が過ぎました」
「一度片づけても、またすぐに散らかってしまうんです……」

というようなコメントが聞かれ、あまり効果はなかったようです。掃除が

苦手な人のために、私が自宅浪人のときに実践していた、部屋をキレイに保つための三つの方法を紹介します。

❶ いらないモノを捨てる

「部屋の無駄なスペースを、収納スペースに変える裏技を紹介！」など、テレビや雑誌を見れば毎日のように掃除のテクニックが紹介されています。これらのほとんどが、「部屋のスペースをどのようにして効率よく使うか」に焦点があてられています。

でも、私の経験では、最も効率がよい掃除テクニックは「いらないモノを捨てること」と言えます。いらないモノを捨てれば収納するモノが減るだけでなく、使えるスペース自体が増えていくのです。今ある限られたスペースを効率よく使うよりも、はるかに効果的と言えるでしょう。

「あとで使うかもしれないから……」という考えで何となく取っておいてあるモノは、一層のこと捨ててしまいましょう！　捨てるまでのエネルギーはいりますが、思い切って捨ててしまうことでスッキリした気分になれるはずです。もし、また必要になったら、そのときに新しいモノを手に入れればよいのです。

❷ モノの置く位置を決める

いらないモノを捨てると、本当に必要なモノやよく使うモノだけが残ります。次は、それらを置く位置を決めてください。一つのモノをいろいろな場所に置いているから、散乱してしまうのです。

「あれ？　家の鍵、どこに置いたっけ……」

こんな経験がある人は要注意です。いざ、外に出掛けようとしたときにモノが見つからないことがある人は、それを置いておく定位置が決まっていない場合がほとんどです。何をどこに置けば普段の生活を効率よく送ることができるのかを意識して、モノの置く位置を決めましょう。

❸使った直後に元の場所に置き直す

　定位置を決めたら、あとはその状態を継続するだけです。そのためには、使ったあとにすぐ元の場所に戻すことが重要です。

　最初は「元に戻すのなんて面倒」と感じてしまう人が多いかもしれませんが、2、3日頑張ればすぐに慣れます。きっとそのころには、整然と片づいている自分の部屋を見て、「キレイな部屋って素敵だな」と考えが変わっていることでしょう。

　受験生には、じっくり掃除をするだけの余裕がないかもしれません。でも、床が見える程度にモノを片づけるだけでも大きな効果があります。勉強し続けて集中力が切れたときにでも、気分転換も兼ねて掃除をしてみてください。

3　身体の疲れは考え方で取ろう

　ここまで、学習効果を上げるために環境を整えることが大切だとお話ししてきました。ちなみに、この「環境」という言葉には、「人間や生物を取り囲み、影響を与える外界」という意味があります。外界を整えることはもちろん大切ですが、勉強に集中するためには、やはりあなた自身もよい状態に整えておく必要があるでしょう。いくら外側の環境が整っていたとしても、あなた自身のなかに疲れがたまっていては勉強に集中することはできません。

　疲れには、「身体の疲れ」と「心の疲れ」の2種類があります。身体と心は深くつながっているので、身体が疲れてしまうと心も折れてしまいやすいのです。でも、身体がいくら疲れたとしても、心まで休ませてしまっ

てはいけません！
「なんか疲れて身体が動かないな」というとき、心の持ち方を変えるだけでエネルギーが湧いてくることもあります。

「疲れは考え方で取る」、これは、ある有名なスポーツ選手の言葉です。彼は高校生として勉強をしながらトレーニングを重ねて、週末の試合に出て活躍をしていました。
　そして、2009年には現役の高校生として史上初の賞金王にもなって話題を呼びました。現在はプロ選手として、国内に留まらず海外に活躍の場を広げています。さて、誰のことだか分かりましたか？
　そう、ゴルフの石川遼選手です。学業とゴルフを両立するにあたって、きっと身体にも心にも相当の疲労がたまっていたはずです。考え方を変えることである程度の疲れが取れているからこそ、プレッシャーのかかるような場面でも力を発揮できるのでしょう。
　受験勉強を続けていると、どうしても疲れはたまっていくものです。だからといって、「どうして、毎日勉強ばかりやらないといけないんだろう」なんて文句ばかり言ったとしても、何も現状は変わりません。**考え方を変えることで行動が変わり、そして結果が変わっていくのです**。だから、最初は無理にでも気持ちのギアを入れ直す必要があります。
　もちろん、熱が出たり病気になってしまったときは、しっかりと身体を休ませてあげましょう。でも、できる限り心の中は戦闘態勢でいてください。布団で横になりながらも、「身体が元気になったらまた頑張ろう！」とエネルギーをためておくのです。心だけでも元気な状態を保つことができれば、体調をよくするのも早くなります。
　それでも、なかなか前向きに考えられないときもあるでしょう。そんなときは、身体ではなくて心が疲れているのかもしれません。長い受験勉強を乗り切るためには、途中で休むことも必要です。
　ここで大切なことは、身体を休めるのか、心を休めるのかで休み方が変

わってくるということです。

　心が疲れてイライラしているときに家でダラダラしていると、気持ちのリフレッシュができずに余計に疲れてしまうことがあります。身体と心のバランスをうまくとりながら受験勉強を乗り切っていくために、次節では心の疲れを取るためのテクニックを、続いて体調管理の方法についてお話ししていきます。

4　心の疲れを取るためのテクニック

「絶対に合格しなくちゃ」というプレッシャー、やりたいことを我慢して勉強をしなくてはいけない堅苦しさ、受験生には様々な負担がのしかかっています。

　受験を乗り越えるためには、勉強を続けるだけではなく、様々なストレスとうまく付き合っていかなくてはなりません。イライラしながら勉強をしても、頭の中には入っていかないのです。

- ストレスがなくなれば、より勉強に集中できるようになる。
- 勉強への集中力が高まれば、その効果が高まって成績が上がる。
- 成績が上がれば、勉強することが楽しくなる。
- 勉強が楽しくなれば、勉強することのストレスがなくなる。

　このようなプラスのサイクルに乗ることができたら、きっと疲れることなく勉強を続けられるでしょう。ここでは、ストレスをなくして受験勉強を進めていくためのリラックス法を紹介します。あなたに合いそうなものがあれば、ぜひ試してみてください。

　まずは「知覚編」です。五感をフル活用してリラックスしましょう！

❶暖色と寒色の効果を使い分ける

　人は視覚からたくさんの情報を受け取っています。そのなかでも、特に色に関する情報は気持ちに大きな影響を与えることが分かっています。人は一つ一つの色を見たときにそれぞれ違った心理的影響を受けているのですが、ここでは「暖色」と「寒色」の違いについてお話ししましょう。
「暖色」とは赤から黄の間の色のことで、見た人の気分を高揚させる効果があります。例えば、赤と黄の組み合わせでできているマクドナルドのロゴは、見ているだけで楽しいイメージをもたせる仕掛けになっていると言えます。私が受験生のときには、やる気を保つために身の周りに赤いものを意識して置くようにしていました。

　一方、紫から青の間の色のことを「寒色」と言い、見た人に落ち着いた印象を与えます。青空を見上げたり水のある風景を眺めたりしていると、自然と気持ちが落ち着くという人も多いでしょう。

　また、リラックス効果を求めるのであれば、中間色に属する緑もオススメです。緑色は安らぎを与えてくれる、と言われています。私は、机の上に小さなサボテンを置いて勉強をしていました。

❷アロマの香りを楽しむ

　色と同じように香りにも、シャキッと集中モードに入れるものと、リラックスできるものがあります。柑橘系やミントなどハーブ系の香りは、気分を爽快にさせてくれます。「さぁ、勉強を始めよう！」というときに嗅ぐとよいでしょう。

　リラックスしたいときには、フローラル系の香りがオススメです。わざわざアロマを焚くのは大変だという人は、霧吹きのようにワンプッシュで香りを広げてくれるようなものもありますので、ぜひ、雑貨屋さんに足を運んで探してみてください。

❸ お風呂で1日の疲れをとる

　時間がないと、つい「今日はシャワーだけでいいや」となりがちですが、お風呂に入るとリラックスできることがよく分かります。**脳には普段起きて活動しているときの「顕在意識モード」と、夜寝ているときの「潜在意識モード」という二つの状態があります。**

　気分がリラックスしているときや、お風呂に入ってボーっとしているときには、脳が潜在意識モードに限りなく近い状態になります。この状態のときには、新しいアイデアが湧きやすくなると言われています。お風呂の中で浮力の原理を発見したといわれるアルキメデス（BC287〜BC212）も、このリラックス効果をうまく使っていたのかもしれません。

　脳がいつも顕在意識モードだと疲れてしまいます。潜在意識モードに切り替えることによって、脳を休ませることができるのです。もちろん、お風呂に入浴剤を入れて香りの効果をプラスするのもよいでしょう。

　五感を使った三つのリラックス法の次は、「行動編」のテクニックを四つ紹介します。

❹ 笑顔を作ってみる

　試験前で緊張しているときに「リラックスしなくちゃ！」と考えても、なかなか落ち着けないものです。頭の中だけで気持ちをコントロールすることはさすがに無理でしょう。

　でも、考え方だけではなく行動まで変えれば、気持ちをコントロールすることができます。少し無理をしてでも笑顔を作ってみると、気持ちも少しずつ和んでいくはずです。勉強に疲れたら、休憩として、笑顔になれるようなことをしてみてください。私が自宅浪人をしていたときには、毎週決まったお笑い番組を録画しておいて、気持ちが疲れたときにそれを見るようにしていました。

長時間の勉強で緊張した状態から、一気に緩んだ状態にする。この緊張と弛緩の差がリラックス感を生んで、「また頑張ろう！」という気持ちにさせてくれるのです。

❺ 軽く身体を動かしてみる

ずっと机で勉強していると、身体が凝り固まってしまいます。そんなときは、一度机から離れてストレッチをしてみてください。一層のこと散歩に出て、外の空気を吸ってみるのもよいでしょう。

軽く身体を動かすだけでも、気分を切り替えることができるのです。

❻ 場所を変える

何もしていなくても、ずっと同じ場所にいるだけで疲れてしまいます。ずっと同じ飛行機や電車に乗っていれば、それだけで疲れてしまう人が多いはずです。

同じ場所で勉強していて疲れたら、図書館や喫茶店など、いつもと違う場所に行ってみるのもオススメです。気分転換になるのはもちろんのこと、同じように頑張って勉強している人の姿からやる気を分けてもらえるという効果もあります。さらに、人の目があるという適度な緊張感が、勉強への集中力を高めるのです。第1章でもお話しした通り、チャンスがあれば、ぜひ大学にも勉強をしに行ってみてください。

それでも気分が変わらないくらいのスランプに陥ったときには、丸1日休憩をとって、普段行かないようなオシャレな場所に行くこともよいでしょう。親や友達を誘って、少し贅沢なレストランに行ってみるのもオススメです。

お店に入るときには少し緊張するでしょうが、中に入ってしまえば美味しいご飯を食べて、ゆったりとした気持ちになれます。やはり、緊張から弛緩の差が大きなリラックスにつながるわけです。

勉強に集中できる場所を探してみよう！

❼手帳に遊びの予定を書き込む

　勉強のことだけを考えていては、やっぱり疲れてしまいます。手帳や勉強の予定表などよく目にする場所に、遊びや出掛ける予定を書き込んでおきましょう。「友達と気分よく出掛けるためにも、それまでは勉強を頑張ろう！」と、勉強へのやる気にもつながります。

　ここまでが行動編のリラックス法です。最後に、「思考編」のテクニックを三つ紹介します。

❽自分のストレス状態を知る

　まず、「自分はどれくらいストレスがたまっているのか」を認識することが大切です。私が自宅浪人をしていたとき、ストレスをためている自分

に気付かず、急に目が開けられなくなったことは第1章でもお話しした通りです。

　体調に異変が出てから気付くのでは遅いですし、回復までに時間もかかります。日頃から、自分のストレス状態を客観的に見るように意識をしておきましょう。

❾ 優先度が低くても、すぐにできることは今すぐこなす

　あまり大切なことではなくても、やるべきことがたまっていくと精神的に疲れてしまいます。2、3分で終わることは、優先度の高いことでなくても今すぐに終わらせてしまいましょう。覚えておかないといけないことが多くなると、脳はストレスを感じてしまうのです。

　すぐにできないことは、いったん紙や手帳に書き込んでおくのもよいでしょう。どこかに書くことによって、いったん頭の中から消すことができます。

❿ 納得して休みをとる

　最後に、一番大切なことをお伝えします。

「勉強することがたくさんあるのに、休んでいていいのかな……」
「自分が休んでいる間も、周りの受験生はみんな頑張っているんだよな」

　せっかく休みをとっても、このように心配をしてしまう人がいます。心配になる気持ちはよく分かりますが、それでは気持ちが休まりません。

　休むときには、「この休みは今の自分にとって必要なもの」と自らが納得して、思う存分休みましょう。長い受験生活を乗り越えるためには休むことも必要なのだ、と心から納得をして、心身ともに休むようにしてください。

　以上紹介したリラックスするためのテクニックの数々、ぜひ、あなたに合いそうなものを試してみてください。

5 体調管理で意識するべき三つのポイント

　先にもお話しした通り、勉強への集中力を高めるためには、身の周りの環境に加えてあなた自身の身体と心を元気な状態にしておくことが大切となります。あなたは、勉強を頑張りすぎて体調を壊してしまった経験はありませんか。

　模試や受験の直前は、試験対策よりも体調管理を優先したほうが試験での点数は上がります。極端に言えば、試験前日に睡眠時間を削って勉強するより、しっかりと睡眠をとって、当日の集中力を高めるほうが有効ということです。

　集中して勉強をするためには、あなた自身が健康でいることが大前提となります。**普段から体調をしっかり整えておくためにも、「食事」と「睡眠」、そして「運動」の三つを意識してください。**

　まず、体調を維持するためには、胃に負担をかけない食事を心掛けましょう。食べすぎず、よく噛んで食べることが基本です。そして、できる限りご飯と野菜を中心にした食事を心掛けてください。

　お肉などのたんぱく質は酸性の胃液で消化されるのですが、ご飯やパンなどの炭水化物はアルカリ性の胃液で消化されます。ご飯とお肉を一緒に食べると両方の胃液が出て胃が中性になってしまい、消化が長引きます。つまり、胃に負担がかかってしまうのです。食生活をほんの少し意識するだけで体調が大きく変わるので、できる範囲で改善してみてください。

　睡眠については、毎年、多くの受験生から質問や相談を受けています。

「眠りが浅いせいか、勉強していると途中で眠くなってしまうんです……」
「早起きしたいのに、なかなかできなくて困っています……」

　できるだけ短い時間でしっかりした睡眠をとることで、勉強のできる時

間を増やしたい気持ちはよく分かります。私自身も、少しでもよい睡眠をとれないかと試行錯誤を繰り返してきました。この睡眠については、次節以降で受験に役立つ知識やテクニックとしてまとめました。

　体調管理をするための三つ目のポイントは運動です。特に、この運動については、食事や睡眠よりも強く意識する必要があります。なぜなら、**食事や睡眠と違って、こと運動については身体が警告を出してくれないから**です。

　食事をしなければ、自然とお腹がすいてきます。睡眠をとらなければ自然と眠くなります。でも、運動だけは、足りなくなっても身体は何の反応も示してくれないのです。そのため、意識して運動をする必要があります。

　特に受験生は、運動する機会が減ることでしょう。でも、受験シーズンに入れば、寒いなかでも試験会場まで足を運んだりしなければなりません。試験が続くと身体が疲れてしまいますし、万が一風邪を引いてしまったら、受験どころではなくなってしまいます。

　少しでも時間があるなら勉強にあてたいと思うかもしれませんが、定期的に身体を動かす時間を作ってください。勉強の合間に散歩をしたり、余裕があればジョギングをしたりしてみると気分転換にもなります。

　実は、体力をつけることで勉強への集中力も増します。身体を動かすときには、脳から筋肉に向かって「動いてください」という信号が送られています。この信号の通る道が「神経」です。身体を鍛えることで神経は太くなり、より複雑につながっていきます。運動をすることで体力がつくのはもちろんのこと、強い神経回路ができるので感情が簡単に揺れ動かなくなるのです。

　繰り返しますが、身体の状態と心の状態は深く関係しています。**きちんと身体を鍛えて正しい姿勢を維持することが、集中力やプラス思考を保つ**ことにつながります。最初は、簡単なウォーキングや筋トレなどでも構いません。受験勉強のような長期戦を勝ち抜くためには、知力だけでなく体力も必要だということを記憶に留めておいてください。

6 効果的な睡眠を取るための秘訣

「もっと時間が欲しい！」

きっと、こう叫びたい受験生も多いことでしょう。私も受験生のときには「1日が30時間くらいあったらいいのにな」なんてことを考えていました。1日の時間を増やすことはできませんが、もし短い時間で深い睡眠をとることができれば、1日にできることが増えるかもしれません。

私がIT系の講師として働いていたとき、転勤のために往復の通勤時間が4時間に増えてしまったことがありました。通勤時間が長くなったとはいえ、「仕事は変わらずにしっかりとやりたい！」、でも「本を読む時間は減らしたくないし、身体を鍛えるために運動する時間も欲しい！」、こんな欲張りな私はあることを思いつきました。

「睡眠時間をコントロールできるようになったら、自由に使える時間を作り出せるかも！」

そこで、大学で勉強した人間工学を復習し、睡眠について書かれている書籍やホームページなどを読みあさりました。また、毎日少しずつ寝る時間を変えながら、「寝る時間」、「起きようとした時間」、「実際に布団を出た時間」の三つをメモしていきました。

「起きようとした時間」と「実際に布団を出た時間」の二つをメモした理由は、その差が短ければ、それだけスッキリと目が覚めていることなのだろうと考えたわけです。

スッキリと目が覚めるためには、だいたい何時から、そして何時間くらい寝ればよいのかを私なりに調べてみました。試行錯誤の結果、睡眠をある程度コントロールできるようになり、転勤前よりもたくさんのことがで

きるようになったのです。

　ここでは、書籍やホームページなどから得た知識と私自身が試してきた経験を交えながら、睡眠に関して知っておくとよい知識についてお話しします。

　まず、よい睡眠について突き詰めていくと、「時間」と「質」の二つが大切だということが分かりました。ただし、睡眠時間に関してはたくさん寝ればよいというものではなく、適した長さがあります。まずは、「睡眠時間」について知っておいたほうが得な知識をお話しします。

❶スッキリと起きられる睡眠時間

　睡眠には、浅い睡眠の「レム睡眠」と深い睡眠の「ノンレム睡眠」という二つの種類があります。寝た直後にノンレム睡眠に入り、その後にレム睡眠に入ります。

　この２種類の睡眠がだいたい90分周期で繰り返されていき、レム睡眠のときに目が覚めるとスッキリと起きることができるのです。よって、４時間半や６時間、７時間半のように90分の倍数となる時間で寝るようにすると、目覚めがよくなりやすいのです。

　とはいえ、これは一般的に言われていることで、人によって、またはそのときの体調によってこの時間は少しずれることがあると考えたほうがよいでしょう。

　かつて、レム睡眠とノンレム睡眠の状態を知ることができる**特殊な腕時計**をつけて寝たところ、身体が疲れているときや睡

起きやすいタイミングでアラームがなるスリープトラッカー

眠が不足気味のときにはノンレム睡眠の時間が長くなる傾向があることに気付きました。ぜひあなたも、睡眠時間を毎日少しずつ変えながら、その時間をメモしてみてください。スッキリ起きられるタイミングを見つけられるだけではなく、そのときの自分の体調に合わせて必要な睡眠をとることができるようになるでしょう。

「夢ばかり見て、深く眠れずに困っています」

という相談を受けたことがあります。私達は、レム睡眠のときに夢を見ています。夢ばかり見ているのは浅い睡眠が長いということになりますが、このレム睡眠にはしっかりした役割があるのです。

　レム睡眠は、日中に経験したことや勉強したことを脳の記憶領域に整理整頓する役割をもっています。また、起きているときに考えたことや感じたことも整理整頓しています。つまり、心のメンテナンスをしているということです。

　夢をたくさん見るという人は、普段からいろいろと考えすぎてしまっていて、脳が精神的な疲れをとろうとしているのかもしれません。夢を見ることはうつ病などの心の病気を予防するとも言われていますから、単純に「浅い睡眠が悪い」とは言えません。一方、ノンレム睡眠のときには身体の疲れをとったり、身体の成長や健康に必要な成長ホルモンが分泌されたりしています。つまり、どちらの睡眠も必要というわけです。

❷理想の睡眠時間は６時間以上

「睡眠時間をできるだけ削って、自由に使える時間をもっと作りたい」

と思っている人も多いでしょう。先ほど述べたように、特に受験生は少しでも時間が欲しいものです。ただ、睡眠を削りすぎると身体に負担がかかり、脳にもよくありません。結果として起きている時間が増えたとしても、集中力は大きく下がってしまいます。

「睡眠時間は1日3時間あれば大丈夫！」

　こんなフレーズ、目にしたことがありませんか。でも、私の経験からすると、1日3時間の睡眠を続けることは身体に負担がかかります。数日間であれば、きっと栄養ドリンクでも飲めば乗り切ることはできるでしょう。しかし私は、これを習慣にしないことをオススメします。

　それでは、いったいどれくらい寝れば十分なのでしょうか。ある実験結果では、「作業の効率を落とさずに無理なく睡眠を短くできるのは6時間まで」（『4時間半睡眠法』遠藤拓郎、フォレスト出版、2009年参照）というデータが出ています。私が受験生のときにも、睡眠時間は6時間を確保していました。

　ただ、勉強時間を増やすために少しでも睡眠時間を短くしたいという受験生もいるかもしれません。そんな受験生に向けて、ほかの研究結果を紹介しましょう。

❸ 無理せず睡眠時間を短くする方法

「3日後は期末試験か。徹夜できるように、今日は寝だめをしておこう！」

　恥ずかしながら、高校生のころの私は、こんな風にして定期試験を一夜漬けで乗り切っていました。切羽詰まって勉強をすることで集中はできたのですが、翌日、眠い目をこすりながら試験を受けていたことを今でもよく覚えています。

　あなたにも、同じような経験がありませんか？　でも残念ながら、寝だめは効果がないと言われています。前もってたくさん寝たとしても、睡眠時間はためられないわけです。

「寝だめをするくらいなら、試験3日前でもしっかり勉強をしなさい！」

と、高校生の私自身にも言ってあげたいくらいです。

事前の寝だめはできませんが、あとでたくさん寝ることで、前日までの睡眠不足分を一気に取り戻すことができると言われています。ここで、今の私が実践している睡眠方法につながる研究結果を紹介しましょう。

> 　短い時間の睡眠を何日間か続けたとしても、十分な睡眠を１日とればそれまでの睡眠不足を取り戻すことができる。（前掲書、29ページに掲載のボルベイ教授の研究）

　たった１日で、数日間の睡眠不足が解消できるというのが大きなポイントです。この研究結果をもとに、通勤時間が４時間になってからの私は、平日は４時間半を目安に寝るようにしていました。これを５日続けても、週末に６時間以上寝れば回復できることが分かったのです。
　大切なことは、短い睡眠をずっと続けないようにすることです。週末には平日以上に寝て、しっかりと回復しておくことが長続きの秘訣となります。

❹効果的な睡眠がとれるベストな時間帯

　寝る長さと同じく大切なことが寝る時間帯です。睡眠に関係するホルモンの一つに「メラトニン」というものがあります。メラトニンは眠気を誘うホルモンで、一般的に午後９時から12時までにたくさん分泌されると言われています。ですから、夜になると自然と眠くなるわけです。
　また、別の「コルチゾール」というホルモンは、寝ている間に身体の中にたまっている脂肪をエネルギーに変える役割をもっています。まさに、身体の掃除をしてくれるようなホルモンなのですが、これは午前３時から６時あたりにたくさん分泌されます。
　よって、自然なホルモン分泌の流れに合わせるためには、午前０時から６時の間に睡眠をとることが効果的ということになります。この時間帯を含めるように寝ることを心掛けてください。

先にもお話しした通り、効果的な睡眠をとるためには睡眠の「時間」と「質」が大切となります。ここからは、「睡眠の質」についてお話ししましょう。

❺寝る直前に身体の中で起こる変化

　睡眠の質を高めるためには、まず寝つきをよくしたいものです。布団に入ってもなかなか寝つけなかったら、焦ったりイライラしたりしてしまいます。実は、眠りに入る直前に身体の中で大きく変化するものがあります。一体、何だと思いますか？

　答えは「体温」です。眠りに入るとき、体温が大幅に下がることが分かっています。逆に、体温が急激に下がると人は眠くなってしまうのです。映画やドラマのなかで、雪山など寒い所で遭難した人が寝そうになっているシーンを見たことがあるでしょう。

　それでは、身体は寝るときにどのようにして体温を下げているのでしょうか。実は、身体から熱を外に放出しているのです。体中を流れる血液を使って、熱を皮膚の薄い首の後ろの部分や手足の先のほうへと伝えていきます。そのため、寝る前に頭のうしろや手足を軽く冷やしたりすれば、体温が下がって眠りに入りやすくなります。

　ただ、手足に関しては、冷えすぎて寝られないというケースもあります。私の周りにも、「お風呂でしっかり温まっても布団に入るときには手足が冷えてしまって、なかなか寝つけない」と言って困っている人がいます。

　手足が冷えすぎてしまうと、脳は「身体を温めなくては！」という反応をします。つまり、血液が先ほどとは反対の方向に流れてしまうため、寝られなくなってしまうわけです。

　寒い時期で手足が冷えすぎたときや、もともと冷え性の人は一度手足を温めてみてください。あわせて、ホットミルクなどを飲んで気持ちを落ち着かせてから布団に入るのもよいでしょう。温まった身体が自然と冷えていくことで、眠りにつきやすくなります。

❻ カフェインとストレスに注意

　体温とは別の理由で寝つけないという人もいます。今の私は布団に入るとスーッと寝られてしまうのですが、受験生のときにはなかなか寝つけませんでした。布団に入ると頭が冴えてしまい、受験のことや、考えても仕方のないことばかりを気にしていたのです。

　寝つけない原因として、カフェインなどの摂取物や普段のストレスがもとになっていることもあります。寝つきが悪くて困っている人は、寝る３時間くらい前からお茶やコーヒーを控えてみてください。もし、原因がストレスの場合は、難儀なことに自分ではなかなか気付きません。ストレスがかかると、自律神経に影響を与えるからです。

　自律神経とは、心臓をバクバク動かしてくれたり睡眠をコントロールしてくれたりと、意識しないところで一生懸命働いてくれている神経のことです。自分ではコントロールできないので、「今は自律神経が弱っているな」とは気が付かないわけです。

　寝つきが悪い人は、普段から意識して、少し頑張るのを控えてみてください。頑張って勉強を続けてみても、しっかり寝られなければ集中力は下がるばかりです。継続して勉強し続けるためにも、その日の疲れはその日のうちに取るようにしましょう。

❼ ぐっすり眠るための環境づくり

　質のよい睡眠をとるためには環境づくりも大切です。しっかりと眠れる環境をつくるためには、まず「温度」に注意してください。とはいえ、あまり深く考えずに、「暑すぎず、寒すぎない」という程度であれば大丈夫です。

　温度以上に「湿度」もとても大切な要素となります。寝る前の身体は、汗をかくことで熱を放出します。部屋がジメジメしていると、手足から熱が発せられずに身体が冷やせないのです。必要に応じて、窓を開けて風が

通るようにしたり、扇風機などを使って部屋の中の空気を循環させてください。

また、寝る少し前になったら、強い光を浴びないようにすることも効果があります。夜は間接照明を使うなど、強い光を避けるようにしてみてください。

ここまで、効果的な睡眠をとるために知っておいてほしいことをまとめました。ぜひ、あなた自身の睡眠サイクルを知って、体調管理と勉強への集中力アップにつなげてください。この節の初めにお話ししたように、寝る時間、起きようとした時間、実際に布団を出た時間の三つを毎日メモするだけでも、きっと新しいことに気付くはずです。

とはいえ、より良い生活スタイルを見つけようと試行錯誤を繰り返しすぎるのはよくありません。長続きさせるためにも、くれぐれも無理をしないように注意をしてください。私自身、疲れたと感じたときには意識して睡眠時間を増やしています。

7 誰でも簡単にできる早起きテクニック

効果的な睡眠をとるために知っておきたいことが分かったところで、今度は受験生からの質問も多い「早起きするためのテクニック」を紹介します。試行錯誤をもとにして生まれた私のテクニックのなかから、特に効果があり、誰でも簡単にできるものばかりを集めました。まず、寝る前にできるテクニックから紹介しましょう。

❶早く寝ることから始める

多くの人は「早く起きる」ことばかりを意識していますが、それよりも

「早く寝る」ことを意識してみてください。そうすれば、早く起きたとしても同じ睡眠時間を保つことができます。朝5分早く起きるよりも、夜5分早く寝るほうが簡単です。新しいことを始めるときには、簡単なことから始めるというのもポイントとなります。

❷寝る前の習慣事を作る

早く寝るためには、寝つきをよくすることも大切です。布団に入ってすぐに寝られるようにするために、寝る前の習慣事を作るのもよいです。

私は、お風呂のあとにストレッチやマッサージをするようにしています。寝る前に身体をほぐすと、心も落ち着くのです。もちろん、アロマを焚いたり、本を読んだりすることもオススメです。寝る前に同じ行動をとることで、身体が自然と寝る準備をしてくれるようになります。

❸アラームを遠くに置く

目覚まし時計や携帯電話などのアラームを、布団から出ないと止められないくらい遠い所に置いてみてください。私が指導した受験生のなかには、布団から1m、3m、5mの所にそれぞれアラームを置いておいて、近い所から順番に鳴らしている人もいました。

❹起きるのが苦痛にならない工夫をする

特に受験が近くなると、朝は寒くなり、暖かい布団が恋しくなるものです。せっかく布団から出られたとしても、また戻りたくなってしまう気持ち、よく分かります。

そこで、前日の夜にブランケットやルームシューズなど、身体を暖めるものをあらかじめ近くに置いておき、起きるときの苦痛は軽減させましょう。エアコンの自動設定を使って、起きる時間に部屋を暖めておくのもよいでしょう。

❺布団の中で強くイメージする

　少し漠然としているかもしれませんが、私が一番効果があると感じているテクニックは、布団に入ってから寝るまでの間に、朝起きてからやりたいことを強くイメージすることです。

　先にもお話しした通り、脳は寝るときに「顕在意識モード」から「潜在意識モード」へと切り替わります。このタイミングで早起きしてやることをイメージすれば、その意志を潜在意識にまで届かせることができるのです。

　誰にでも気軽にできて、効果のあるテクニックです。早起きするためだけではなく、将来の目標を実現するためにも使えますので、ぜひ今夜から試してみてください。

　次は、起きたあとにできるテクニックを紹介します。目が覚めてから布団の中にいる時間が長くなればなるほど、「もう少しだけ横になっていてもいいかな」ということを考え出すものです。目が覚めてから、最初の３秒で布団を出られるかが勝負となります。弱い気持ちに負けないために、次のテクニックを意識してください。

❻朝のルーチンワークを決める

「ルーチンワーク」とは、手順が決まりきった作業のことです。布団を出ても、頭が動き出すまでには時間がかかります。その間のルーチンワークを決めておくと、１日をスムーズにスタートすることができます。

　私は、まず顔を洗って、ストレッチなどをして身体を軽く動かします。それからコーヒーをいれて、チョコレートを食べて糖分を摂りながら日記を開きます。ここまで、だいたい15分くらいでしょうか。このころには頭が冴えてくるので、将来のことを考えたり、より良い生活を送るためのアイデアを練ったりしながら日記を書いています。

夜に1日を振り返るために日記を書いている人が多いかもしれませんが、私は朝にその日の目標や将来の夢などを書いています。書き終わるころには気持ちのエネルギーが満タンになるので、最高の状態で毎日をスタートさせることができています。

❼ 朝はやりたいことをやる

私達の行動には「（好きだから）やりたいこと」と「（嫌だけど）やらなくてはいけないこと」があります。嫌なことをするために早起きをするのには大きなエネルギーを必要としますから、朝はやりたいことを優先させましょう。

得意な科目を、早起きして作った時間に勉強するようにスケジューリングすれば、頑張って起きようという気持ちにもなりやすくなるものです。

❽ 無理をしない

大切なことなので繰り返しますが、どのようなことでも頑張りすぎると長続きはしません。勉強も早起きも同じです。私が受験勉強をしていたときには、1週間に1日は休養日を作っていました。身体が疲れ気味であれば、早起きをしないでたっぷり寝ている日もありました。

大切なのは継続することです。長く続けて習慣化することを最優先に、無理のない範囲で頑張ってみてください。

このようなテクニックは、人によって合うものもあれば合わないものもあるでしょう。ここで挙げた八つのテクニックのなかから、あなたに合うものを選び出して、実践しやすい形にアレンジしながら活用してみてください。

8 今すぐ集中力を高めるためのテクニック

　集中して勉強するためには、身の周りの環境と体調管理に気を配らなければなりません。つまり、日頃から集中力を高めたいときに高められる状態を作っておくことが大切というわけです。それでは、いざ勉強を始めようというときに集中力を高めるためにはどうすればよいのでしょうか。ここでは、そのためのテクニックを三つ紹介します。

❶スイッチアクションを実行する

　同じ行動を繰り返していると、ふと気が付いたらそれが習慣になっていることがあります。私が受験生のときには、試験を受ける前は必ず目薬を差していました。清涼感のある目薬を試験の直前に差すことでスッキリと集中でき、問題を解ける状態にしていたのです。

　これを試験ごとに繰り返していたら、試験前に目薬を差さないと違和感を感じるようになったのです。「目薬を差したら集中する」という行動を繰り返すことによって、条件反射で集中力が高まるようになっていきました。

　このように、**身体に何らかのスイッチが入るような行動のことを、私は「スイッチアクション」と呼んでいます**。この「目薬を差すと集中力が高まる」という効果は、受験から数年経った今も続いています。大切な仕事やイベントなどで集中力を高めたいときには、今でも目薬が欠かせません。

　私の周りには、ストレッチをして集中力を高めている人や、いらなくなった紙を破って集中力を高めている人もいます。あなたにも、知らず知らずのうちに習慣となっている行動はありませんか。スイッチアクションはいろいろな場面で応用がきくので、ぜひ普段の生活にも取り入れてみてください。

❷ 五感を研ぎ澄ます

　集中しているとき、身体や周りへの感覚がどのようになっていると思いますか。恐らく、モノが鮮明に見えて、遠くの小さな音でも聞こえてきそうな感覚が研ぎ澄まされたような感じがするでしょう。

　五感を研ぎ澄ますことは、集中力に深くかかわっています。流れている音楽を集中して聴いたり、目の前の食事をよく味わったりしたいときに、自然と目を閉じて、聴覚や味覚に集中したりすることがあるはずです。

　このように、私達は普段から無意識に感覚を操作しながら集中力を高めているのです。言い換えれば、**感覚をコントロールすることで集中力を高めることができる**ということです。

　普段、私達は周りからたくさんの情報を受け取っていますが、実際に意識して受け取っているのはそのうちのわずかです。無意識に受け流してしまっている感覚に意識を向けることで、五感が研ぎ澄まされるようになります。

　例えば、いつもより視野を広げて、焦点のあっている所の外側で何が起こっているのかを感知してみてください。また、普段あまり意識しないような、周りの小さな音を意識して聴くようにしてみましょう。「普段は身体に入ってきているけれど意識できていない感覚」に意識を向けるようになると、よりたくさんの情報が受け取れるようになっていきます。そして、感覚が研ぎ澄まされるとともに集中力も高まっていくようになります。

　10秒くらいで構いません。目を閉じて、周りの音や肌に触れる空気の感覚などに意識を集中してみてください。小さい音や微かな風の動きを感じ取れるようになったときが集中力の高まった状態です。そのときに、勉強をスタートさせてください。

❸ パワーナップの効果を利用する

　長い間勉強をしたり同じことを続けたりしていると、どうしても集中力は下がってしまいます。そんなときに暗記をしようとしても頭に入っていきませんし、問題を解こうとしてもアイデアがさっぱり出てきません。そうなると、いくら頑張ろうとしても効率は下がるばかりです。こんなときは、ぜひパワーナップを試してみましょう！

　パワーナップとは、15分〜30分程度の仮眠のことです。短時間の仮眠によって集中力を回復できるだけでなく、不足分の睡眠を補うこともできると言われています。たった15分で集中力を取り戻せるのであれば、効率のよい「集中力回復法」と言えるでしょう。

　ただし、くれぐれも長い時間は寝ないように注意してください。30分以上寝てしまうと深いノンレム睡眠に入ってしまって、起きたときに疲労感が出てしまいます。また、長時間の昼寝は、夜の睡眠にも影響が出てしまって生活のリズムが崩れてしまいます。

　アラームをしっかりセットして、眠りが浅いうちに起きることを心掛けてください。

　効率よく勉強をしていくためには、いかに長い時間、高い集中力が持続できるかがポイントとなります。この三つのテクニックを使って、しっかりと集中して勉強を進めていきましょう。

第 3 章

成績が上がらない「勉強法」を立て直す改善策

ミスを次につなげることができれば、それは「失敗」ではなくて
「経験」になる　　　　　　　　　　（一ツ橋大学国立キャンパス）

1 第1志望校を諦めようかと悩んだとき

　第2章まで、勉強への「やる気」と「集中力」についてお話ししてきました。やる気があれば、机に向かって問題集を開くことができます。さらに、集中力があれば開いた問題集を解くことができます。

　ところが、やる気と集中力が継続して勉強が続けられたとしても、必ず成績が上がるというわけではありません。勉強しているのに成績が上がらず、やる気や自信を失ってしまう受験生がたくさんいます。

　受験生にとっては、成績を上げられるかどうかは切実な悩みとなっていることでしょう。やる気や集中力に関しては、ある程度自分自身でコントロールできますが、勉強の成果が出ないと、チャレンジを嫌う安定志向の人達から悪い影響を受ける可能性があります。成績が上がらずに悩んでいる受験生から、次のような相談を受けたことがありました。

> 　友達に第1志望校を打ち明けたら、「厳しくない？」と心配されてショックを受けています。

> 　第1志望校のレベルが高すぎて、予備校の先生から「記念受験でいいのなら受けてみたら」と言われてしまいました。私は本気で合格するつもりで頑張っていたのですが……。

　勉強の成果が出ないと、学校や予備校の先生、友達から「ほかの大学を受けたほうがいいんじゃない？」とすすめられることもあるでしょう。周りの人の言葉が胸に突き刺さり、志望校を変えようかと悩んでいる受験生がたくさんいます。

　でも、よく覚えておいてください。自分の人生を決められるのは自分し

かいないのです。「友達が言っているから」とか「先生が望んでいるから」と、他人の言うままに流されてしまう人生をあなたは望んでいるのですか。自分の人生は、自分のために生きてください。自分のために生きるには、「私は〇〇大に入りたい」と、主語を自分にして考える必要があります。

ある高校の先生から、次のような話を聞きました。
「大きい夢や、少し現実離れした目標をもつ生徒がいる。その夢や目標を応援しなくちゃとも思うが、生徒の将来のことを本気で考えたら、時には現実的な夢に向かうように方向転換させることも必要かもしれない」

生徒が「〇〇大に行きたい」と話す。でも先生は、合格する可能性が低いと判断して「別の大学に行ったほうがよいのでは？」と答える。生徒にとってはショックかもしれませんが、先生にとっては生徒の将来を真剣に考えての言葉なのです。

あなたがいくらプラス思考を貫いていたとしても、周りの人が皆プラス思考でいるとは限りません。もしかしたら、何かにつけて「これができない」、「あれができない」というふうにネガティブな発言をする人もいるかもしれません。

このように話している人に悪意があるわけではありません。どちらかと言えば、ネガティブな発言をしているという意識すらないことが多いのです。または、大学の合格実績を求められる塾や予備校のなかで、「確実に合格させるために受験校を変えさせよう」という自分勝手な考えをもつ先生がネガティブな言葉を発していることもあるでしょう。

いずれにせよ、これだけは断言することができます。**周りの人が何を言おうと、誰にもあなたの夢や目標を諦めさせる権利はありません。**

あなたは、あなた自身が進みたい道を選ぶことができるのです。たとえ周りの人達があなたの夢や目標の実現を信じていなくても、あなただけはあなた自身を信じてください。

人は、「やったこと」よりも「やらなかったこと」に後悔するものです。受験に挑戦できるこの瞬間は、もう二度と戻ってくることはないのです。周りの人が選ぶ道ではなく、将来の自分が後悔をしないような道を進んでいきましょう！　あなたには、自分の人生を自分のために生きて欲しいのです。

　ただし、自分のために生きるということは、自分勝手に生きるということではありませんので気を付けてください。受験を乗り越えるまで、きっとあなたはたくさんの人達からサポートを受けることでしょう。また、学費を両親に出してもらう人もたくさんいるはずです。自分の判断で道を切り開いていって欲しいと私は強く願っていますが、それは周りのサポートがあってこそできることなのだということを忘れないでください。ぜひ、支えてくれている人達への感謝の気持ちをもって、前に進んでいける人になってください。

　受験は、決して簡単に乗り越えられるものではありません。厳しい試練を乗り越えるためには、たとえほかの人に反対されても自分の想いを貫き通すくらいの覚悟が必要となるでしょう。私は、不可能を可能にした受験生を何人も見てきました。次節では、そんな受験生の共通点についてお話ししていきます。

2　厳しい状況から合格できた受験生の共通点

　多くの受験生は、きっと模試を何回か受けてから本番のセンター試験や大学別の試験を受けることになります。言うまでもなく、最も大切な試験は最後の合否を決める入試です。言い方を換えれば、模試はいくら失敗したとしても、最後の入試でよい結果を出せば合格できるというわけです。

　ここでは、最後に勝つことができる受験生と、結果を出せないで終わっ

てしまう受験生との違いをお話しします。まず、模試では厳しい状況だったにもかかわらず、最終的に合格を勝ち取った受験生やその親御さんから送られてきた合格報告をいくつか紹介します。

> 合格しました！ しかも、合格最低点と同じ点数でした！ 模試でずっとD判定をとっていて周りにもチャレンジ校だと言われていましたが、辛かったときでも諦めずに頑張れたことが合格につながったのだと思います。

> 模試を受けるたびにE判定でガッカリしていましたが、なんとか第1志望の大学に合格できました！ 誰にも受からないと思われていたので、本当に嬉しいです！ 最後まで諦めないでよかったです。

> センター試験の結果はC判定でしたが、そこから死にもの狂いで勉強して第1志望の大学に合格することができました。また、私の先輩には、センター試験でE判定を取ってから必死に勉強して、2次試験の数学で見事満点をとって合格した人もいます。その先輩は、今は母校で数学の教師をしています。

> 私はセンター試験でボーダーラインからマイナス50点でしたが、それでも第1志望を諦めたくなくて志望校を変えずに2次試験を受けました。その結果、なんと最低点を3点上回って合格できました！
> 現実と向き合うことは大切ですが、受験は何が起こるか分かりません。後悔だけはしないように、絶対に最後の最後まで諦めないことが大切だと思いました。

> 私の長男は、1浪の末、第1志望の東大に合格することができました。センター試験が現役生のときから苦手で、浪人生のときもセンタ

—リサーチではD判定。動揺する母を横目に、本人はいたって冷静で「2次試験で必ずひっくり返す」と淡々と勉強を続けていました。自分を信じて頑張り抜いたから勝ち取れた合格だと思います。諦めないで、最後まで走り抜く大切さを息子から教わりました。

　いかがでしたか？　ここで紹介した受験生に共通しているのは「厳しい状況でも、諦めずに頑張り続けたこと」と言えるでしょう。とはいえ、「合格できる」と思い込めば必ず合格できるのかと問われても、残念ながらそうとは言い切れません。

　ただ一つ確実に言い切れることは、**自分で「合格できない」と思っている人は絶対に合格できない**ということです。

　さらに、最終的に合格できる受験生は、共通して「失敗処理」がうまいと言えます。つまり、模試などで失敗したとき、それを失敗と考えないで「成功するためのネタ探しだった」と考えているのです。

　これは受験に限ったことではありません。どんなことでも、成功する前にはたくさんの失敗がつきものなのです。例えば、子どものころ、自転車に乗る練習をしたときのことを思い出してみてください。自分一人で前に進めるようになるまでに何回も転んだ経験があるのは、きっと私だけではないでしょう。

　何かに新しく挑戦をするときには、たくさんの失敗を経て初めて成功に辿りつきます。もし、常に結果を出すような人があなたの周りにいたとしても、その人は見えないところでたくさんの失敗をしているはずです。

　受験でも、いきなりうまくいくことは難しいと言えるでしょう。試験本番で成功するためには、たくさんの模試を受けたり、何校かの大学を滑り止めとして受けたりして、その都度、軌道修正をしていく必要があります。

　最終的に合格を勝ち取るためには、失敗を失敗と考えないことが大切です。「どうしてミスをしてしまったのだろう」と振り返ることで、同じ失敗をしないように軌道修正をしていきましょう。

3 毎日頑張っていても結果が出ない理由

　厳しい状況でも諦めずに、失敗しても次に活かすことが大切だとは分かっていても、勉強が思うように進まなかったり、模試でよい点数を取れなかったりすると、先のことが心配になってしまう人が多いものです。実際、次のような受験生からの相談が後を絶ちません。

「毎日必死に前を向いて頑張っていますが、結果がなかなか出ないと、気持ちが折れて諦めたくなってしまうんです」

　少しずつでも、毎日頑張り続けることは大切です。それは分かっていても、なかなか結果が出ないと「こんなことを繰り返していて、意味があるのかな……」なんて、逃げ出したくなるときがあるかもしれません。こんなときは、近道を選んで楽をしたくなるものです。
　でも、夢や目標は一瞬で叶うものではないのです。夢を実現することができるのは、近道を選ぶことなく、１日１日を一生懸命に積み重ねていくことができる人なのです。
　ここで大切なことは、一生懸命な毎日を「積み重ねる」ことです。「繰り返す」こととは大きく違います。昨日と同じことをただ繰り返すのではなく、昨日より今日、今日より明日と、少しずつでも改良や改善を積み重ねていくことによって目標達成へのスピードも加速するのです。毎日頑張っていても結果が出ないという人は、同じ毎日を繰り返しているだけのことが多いものです。
　受験勉強において成績を上げるためには、「解けない問題を解けるようにすること」が大前提となります。簡単すぎる問題を繰り返し解いているだけでは現状を変えることはできません。また逆に、解説を読んでも理解

できないくらい難しい問題を解き続けても自信をなくしてしまうだけです。

　今のあなたにとって少し難しく感じるくらいの問題を解くように意識してみてください。今日解けなかった問題は、すべて明日までに解けるようにするくらいの気持ちで解くのです。少しでも成長したという実感をもって今日が終われるように意識して、1日を過ごしましょう。

4　目標達成のプロが使っているSMARTの法則

　受験生にとって、日々成長していくための道標となるのが「勉強計画」と言えます。この勉強計画をうまく立てられるかどうかが、毎日の成長を積み重ねていけるか、さらには最終的な入試で結果を出すことができるのかに大きくかかわってきます。

　受験に限らず、**何かに向かって頑張り続けるためには「目標をうまく設定すること」**がとても大切となります。ビジネスやコーチングの分野で使われている目標設定の手法として「SMARTの法則」というものがあります。SMARTとは、次の五つの単語の頭文字をとったものです（違う単語が使われるケースもありますが、内容はほぼ共通しています）。

　ここでは、このSMARTの法則を紹介しましょう。

❶S（Specific）：具体的である

　目標は、具体的なものにしましょう。「今日はできるだけ頑張る」という抽象的な目標では、達成できたのかどうかの判断がつきません。いくら頑張っても「もっと頑張れた気がする……」と考えてしまうため、なかなか達成感を味わうことができないのです。

　目標をクリアして達成感を味わい続けることで、やる気の高い状態を保つことができます。

❷ M（Measurable）：測定可能である

目標を具体的にするためには、測定できる目標を作ることを意識してください。例えば、以下のように数字を使って目標を作るのです。

「これから1時間で、問題集を10問解く」
「次の模試で、偏差値を60まで上げる」

このように目標を数値化すれば、達成できたかどうかがはっきりと分かります。

❸ A（Agreed upon）：同意している

目標は、あなたが心の底から「達成したい」と望んでいるものでなければなりません。周りに無理やりやらされているようなことに対しては、なかなかやる気は続かないものです。

ひたむきに受験勉強を頑張ることができる受験生は、共通して志望校に行きたいという想いが人一倍強いものです。言い換えれば、「絶対に入りたい」と強く思える志望校を探すことが、勉強を頑張り続けるためにも大切となります。

❹ R（Realistic）：現実的である

長い距離を走り続けて身体が疲れ果てていたとしても、ゴールテープが見えてくれば不思議とエネルギーが湧いてくるものです。「もう少し頑張れば何とか達成できそう！」という現実的な目標を設定することが、頑張り続けるためのポイントとなります。

あまりに非現実的な目標を作ってしまうと、なかなか達成できない自分にイライラしたり自信をなくしたりして、途中で挫折しやすくなってしまいます。少し頑張れば達成できそう、というくらいの目標を設定するようにしましょう。

❺ T（Timely）：期限がある

目標はいつまでに達成させたいのか、という期限を考えておきましょう。期限がないと、心に隙ができてしまいます。この心の隙が、「明日頑張ればいいや」という先延ばしの切っ掛けになってしまうのです。

油断の気持ちが生まれないようにするためにも、目標には必ず期限を設定しましょう。

ビジネスやコーチングの分野で使われている「SMARTの法則」、受験勉強にも使える基本的な考え方なので、ぜひ、あなたの状況に合わせて活用してください。

5　勉強法を改善するための五つのステップ

前節までの内容を踏まえて、ここでは「量」と「質」の二つの側面から見て、結果が出ない勉強法を改善するために意識してほしいことをお話しします。

頑張って勉強していてもなかなか成績が上がらない受験生は、次の五つのステップを実践してみてください。

❶ 短期的な勉強計画を立てる

これまでと同じようにして、今後3日間から1週間程度の勉強計画を立ててください。この期間で、あなたにとってあるべき勉強の「量」を調べます。SMARTの法則に従って、達成できたかどうかが分かるように具体的な勉強計画を立てましょう。

❷勉強量のデータをとる

❶の計画通りに勉強をしてみて、達成できたかどうかを確認します。実際に参考書を読み進められたページ数や解くことのできた問題数などを振り返ることで、自分自身の勉強ペース（１時間にどれくらいの量を進められるのか）を知ることができます。

また、１日に勉強できる時間を平日・休日ともに調べておくとよいでしょう。これらのデータをもとに勉強計画を立てれば、理想的なものではなく、より現実的で達成可能なものができるはずです。

このタイミングで１日の勉強量などに問題があるようであれば、生活スタイルの改善を試みてください。

❸長期的な勉強計画を立てる

勉強計画は、いわば勉強の「量」に関する目標です。ここでは、勉強の「質」に関する目標を設定します。次回の模試や過去問を解く日など、ある目標とする日を定めて、その模試や過去問で取るべき点数または偏差値を決めてください。

そして、❷で集めたデータを参考にして、現実的な勉強計画を立てるように意識してください。

❹勉強の質のデータをとる

❸で目標と設定した模試や過去問の結果を見て、点数や偏差値を達成できたかどうかを確認します。

ここで大切なのは勉強の質、つまり勉強内容が自分に合っていて結果を出すことができたのかを見ることです。各科目のそれぞれの分野についての理解度を振り返り、想定通りの結果だったかどうかを確認します。

❺ 勉強法を修正して、再び長期的な勉強計画を立てる

　模試や過去問のできが想定より悪かった場合は、一般的に「問題集のレベルが合っていない」、「問題集の解説があなたに合っていない」、「得意科目（分野）ばかり勉強してしまっている」などが考えられます。各科目の具体的な勉強法を第4章にまとめているので参考にしてください。

　ここまでのステップで集まったデータを参考にしながら勉強法を修正して、新しい勉強計画を立てます。あとは、再び❸以降を繰り返して、あなたに合う勉強法を見つけてください。

6　模試を最大限活用するために意識するべきこと

　勉強の成果が出ない原因は、その「量」と「質」にあるとは限りません。勉強によって実力が身についているのに、試験でその力を十分に発揮することができないために結果が出ないというケースもあります。
　試験で実力を出し切れるようにするためには、やはり模試をうまく活用して試験に慣れることが大切となります。ここでは、模試を最大限活用するために意識をしてほしいことをお話しします。

❶ 模試を受けるにあたって

　長い受験勉強を乗り切るためには、こまめに小さい目標を作っていき、それを一つ一つ乗り越えていくことが大切です。私は趣味でフルマラソンを何度か走ったことがあるのですが、受験勉強とマラソンは似ている部分が多くあります。例えば、42.195kmを完走しようと最初からゴールテープだけを目指していると、スタートしてすぐに疲れてしまいます。

「まず、10kmまで頑張ろう！」、「次は、15kmまで走り抜こう！」というように、小さい目標を一つずつクリアしていくことでゴールの42.195kmまで辿りつけるのです。

　受験勉強におけるこまめな目標となるのが「模試」と言えます。もちろん、受験を見据えるのは大切なことです。でも、すぐ目の前にある模試を目指して頑張ってみると、やる気が出る切っ掛けにもなるはずです。

　ただし、あまりにも多くの模試を受けすぎることは逆効果となります。のちほどお話ししますが、模試は受けたあとにしっかりと復習することが一番大切です。そのための時間を確保できないのであれば、模試を受けても効果は半減してしまいます。

　そのためには、月に1～2回くらいが妥当でしょう。私が浪人をしていたときに1か月で6回の模試を受けたことがありましたが、日曜日と祝日はすべて模試を受けることになったため、復習の時間を取るのに苦労したことを覚えています。

❷模試を受ける前の準備

　貴重な時間とお金を費やして模試を受けるわけですから、そのチャンスをしっかりと活かしたいものです。そのために、模試を受ける前に「模試で何を目指すのか」を考えておきましょう。ただ漠然と、「よい点数、偏差値を取りたい」ではいけません。

「この1か月で力を入れた英文法が身についているのかを確認したい」
「これからの勉強計画を作るために、自分の弱点を把握したい」

というように、SMARTの法則に従って具体的に考えておいてください。どの科目・分野の実力が知りたいのかというところまで細かく考えておくとさらによいでしょう。

　また、「時間配分」と「解く順番」を決めておいてください。特にマーク形式の模試では、私は解き方を変えるだけで点数が大きく伸びました。

例えば英語では、時間をかけても解けるわけではない文法は短時間で解き、長文問題は配点の高い問題から順番に解くようにしました。

　また、数学についても、各大問を解く制限時間を決めたところ、一つの問題にこだわって解き続けることがなくなり、全体の点数が伸びました。詳しくは第５章にまとめているので、そちらを参考にしてください。

　試験問題は、１問目から順番に解いていくという必要はありません。誰もが知っていることではありますが、解く順番を決めている人はあまりいないのではないでしょうか。

　大切なのは、本番のセンター試験までに自分にとって一番効率のよい時間配分と解く順番を見つけておくことです。そのために、模試でいろいろなパターンを試すようにしてください。

❸ 模試を受けているとき

　模試を受けるときには、自信のない問題をチェックしながら解いてください。私は、問題番号の隣に「△」や「×」を書いておいて、復習するときの参考にしていました。記号を書いておくことで見直すべき問題が絞られるので、復習にかかる時間が少なくてすみます。

　時間に余裕があれば、記号だけではなくて、解きながら感じたことなどを簡単にメモ書きしておいてもよいでしょう。

　また、事前に決めておいた時間の配分通りに解くことができたのかも見ておきましょう。一つ一つの問題について解いた時間をチェックするのは大変なので、区切りのよいところまで解いたら時間を確認する程度で十分です。

　模試を通して試験に慣れるためには、本番のシミュレーションをするという意識をもって当日を過ごすことが大切です。

　何分前に試験会場に着けば、落ち着いて準備をすることができるのか。どのように休憩時間を過ごせば、疲れをとることができるのか。お昼ご飯は、どのタイミングでどれくらいの量を食べれば午後の試験で眠くならず

に済むのか。このようなことを意識しながら模試を受けてください。

　ほかの受験生が試験の前や休憩時間にどのようなことをしているのかを観察してみると、参考になることがたくさんあります。私自身、隣の席の人が持っていた参考書が分かりやすそうだったので、模試が終わったあとに書店へ探しに行ったこともあります。

　また、クッションを使っている人を見て、私も小さなクッションを持っていくようにしました。たった一つの工夫で、長時間座っていても疲れないし、まるで自宅の机で試験を受けているかのようにリラックスできました。

❹模試を受けたあとの復習

　模試は、受けたあとに何をするかで効果が何倍にも変わります。間違えた問題や、自信がなく「△」や「×」がついている問題は必ず復習しておきましょう。分からなかったところはすべて見直してください。また、模試が終わってからできるだけ早く見直すことも大切です。

　受験勉強は、ただやみくもに頑張るだけではいけません。現状と目標との差を把握して、その差を埋めるための勉強を計画的に進めていく必要があります。「今の自分はどれくらいの実力なのか？」、現状を知るためには、模試の点数や偏差値、順位といった客観的な数値を使うことをオススメします。

　また、現役生と浪人生とでは数字の捉え方を変える必要があります。現役生は高３の夏休み以降に大きく成績が伸びる可能性が高いので、成績が悪くても目標を変えずに頑張り続けてください。一方、浪人生は、現役生が追い上げてくることを見越して、今の成績に満足しないように注意をしてください。

　模試は現状の判断材料となるだけでなく、最高の教材にもなります。模試を作っている予備校の立場から言えば、より多くの受験生に模試を受けてもらうことで、志望校判定の精度を上げるとともに収益も上げたいわけ

です。そのために、限られた時間で実力が正確に把握できるような質の高い問題を必死になって作っています。

それゆえ、模試の問題には比較的良問が揃っていると言えるでしょう。また、市販の問題集と比べて、解説がしっかりしているのも模試の特徴と言えます。

模試は、時間を空けて解き直してみてください。模試を受けたときからどれくらい成長できたのかを確認することもできるので一石二鳥となります。

7 受験における一番の失敗とは

あなたに合った勉強法を見つけるためには、試行錯誤を繰り返して日々成長していこうとする意識が必要です。そのため、自分に合う勉強法を見つけて結果が出るまでには少し時間がかかることもあります。

本書を読んでいる今はや・る・気があっても、時間が経つと考えが変わってしまうかもしれません。もし、あなたが失敗を恐れて逃げ出したくなったら、これからお話しすることを思い出してください。

「あの大学に行きたい！ でも、受験で失敗したらどうしよう……」

せっかくやりたいことがあるのに、失敗するのが怖くて前に進めない人がたくさんいます。この「でも……」という言葉が癖になってしまうと、何にも挑戦できなくなってしまいます。もしかしたら、あなたにも不合格が怖くて志望校を変えようと思うときが来るかもしれません。

確かに、志望校を変えれば合格できる確率も上がるでしょう。でも、その行為は失敗を防げたと言えるのでしょうか。5年後、10年後のあなたは、目標を変えたことをどのように思うのでしょうか。

私には、失敗を恐れすぎたゆえに、10年以上経った今でも後悔していることがあります。私は中学生のとき、陸上部に入っていました。中学2年生のある夏の日に、顧問の先生に呼ばれて聞かれました。

「次の大会でリレーに出そうと考えてるんだけど、いけそうか？」

　陸上を始めて2年目の私は、練習をすればそのぶん速くなるし、タイムを計れば新記録が出るくらいに誰が見ても上り調子でした。合同練習が終わったあとも、1人で下校時間ギリギリまで練習をしていたことを覚えています。それくらい走ることが好きで、調子もよかった私でしたが、先生には次のように答えました。

「先輩は次の大会が最後だし、リレーは秋の新人戦からにして欲しいです」

　リレーに出ないかと聞かれた大会は、3年生にとっての引退試合でした。私の陸上部は市内で1、2位を争う強いチームで、ライバルになりそうな学校は1校だけでした。もし、市内大会で1位になれば県大会に勝ち上がることができます。そのため、先輩達は「絶対に勝って県大会に行くぞ！」と意気込んでいたのです。

　当時、まだ一度もリレーのメンバーに入ったことがなかった私は、「先輩の足を引っ張るくらいなら出ないほうがいい」と判断したのですが、実はプレッシャーに負けていただけなのです。

　結局、リレーには私と同じくらいの実力だった別の2年生が走りましたが、健闘むなしく2位に終わり、県大会には行けずに先輩達の夏は終わりました。そして、あとになって先生から聞いたのですが、リレーのメンバーに私を入れようと最初に考えたのは、先生ではなくて先輩達だったのです。

　必死に練習している私の姿を見て、先輩達が「あいつと一緒に走りたい」と言ってくれたのです。それなのに私は、プレッシャーに負けて、先輩の想いを無駄にしてしまいました。

もちろん、私が走ったからといって県大会に行けたかどうかは分かりません。もし、私が先輩達と一緒に走ってダメだったとしても、それが私のもっている100％の力だったとすれば、きっと先生も先輩達も、そして私自身も納得できたと思います。

「あのとき、勇気を出してチャレンジしていれば……」

と、今でも後悔しています。

「難しすぎることに挑戦するから失敗するんだ」と言う人もいますが、それは違います。**一番の失敗は挑戦しないことです**。何かに挑戦すれば、ミスやうまくいかないことも起こるでしょう。でも、**ミスを次につなげることができれば、それは「失敗」ではなくて「経験」になります**。
『トム・ソーヤーの冒険』など、多くの小説やエッセイなどを残しているアメリカの作家マーク・トウェイン（1835～1910）は次のように表現しています。

> 　20年後のあなたは、自分がやったことよりもやらなかったことに後悔するはずだ。（『人生のすべてを決める鋭い「直感力」』リン・A・ロビンソン／本田健訳・解説、三笠書房、2008年）

　あなたのもとにやって来たチャンスには、なにがしかの意味があります。あなたが志望校となる大学を知りえたことも、きっと理由があるのです。将来のあなたが後悔をしないように、決して妥協せずに最後まで頑張り抜きましょう！

第 4 章

科目別の勉強法マニュアル

あなたに合った勉強法を知ることが、合格へのファーストステップである　　　　　　　　　　　　　　　（京大吉田キャンパス）

1 英語の勉強法

❶ 定期テストとの違いを意識して勉強しよう

英語は、定期テストと受験で求められる力に違いがあります。定期テストの目的は、授業で学んだことの理解度を確認することにあります。定期テストの題材となる英文は、教科書で一度目にしたことがあるものがほとんどです。よって、授業を注意深く聞いて、大切なポイントを押さえておけば、ある程度よい点数を取ることができるのです。仮に文法や構文の知識が多少曖昧でも、教科書の本文を読みこんで覚えておけば高得点を狙うことができます。

しかし受験では、初めて目にする英文が理解できるかどうかが問われます。つまり、「既知の文章を覚えているか」ではなく、「**新しい文章を読み解けるか**」というレベルが要求されるわけです。そのため、定期テストと受験では必要となる勉強法が変わってきます。

それでは、受験に向けた勉強ではどのようなことに気を付けるべきなのでしょうか。

❷ 受験英語で求められるスキルと要素

一般的に英語は、「読む」、「聞く」、「書く」、「話す」の四つのスキルから構成されています。そして、これらのスキルの土台となる要素が「語彙」、「文法」、「構文」です。

受験英語はこれらのスキルと要素が総合的に問われるため、勉強をしても成果が出るまでに時間がかかります。でも、一度実力がつけば、その力は簡単に下がらないという特徴が英語にはあります。

その理由は、英語力を構成するスキルや要素が単独のものではなく、それぞれが密接に結び付いているからです。長文を「読む」ためには、語彙、

文法、構文といったすべての知識が必要であり、たくさんの英文を読んで頭の中にストックしていくことによって「書く」ことができるようになるのです。

　英語の力をつけるためには、それぞれのスキルと要素をバランスよく勉強していかなければなりません。受験勉強を始めたばかりのときは、最低限の語彙力や基本的な文法と構文の知識を身につける必要があります。ただし、このような土台を築くための勉強は、完璧を目指さずにある程度の知識が身についたら切り上げましょう。

　繰り返しますが、英語のスキルと要素は密接に結び付いています。長文を読みながら語彙や文法、構文も一緒に勉強していくことで知識を結び付けていくことができるのです。

　もし、勉強をしても点数が伸びないという壁にぶつかったときには、いずれかのスキルや要素が足を引っ張っている可能性が高いでしょう。自分の弱点はどこにあるのかを意識して、それを補強することを心掛けてください。

❸暗記が苦手だった私の英単語の覚え方

　多くの受験生が、受験対策のための単語集や熟語集を持っているでしょう。私も、それぞれ１冊ずつ買いました。でも、両方とも途中で投げ出してしまい、今でもキレイな状態のまま残っています。何度も繰り返して覚えようと頑張ってはみたのですが、暗記が苦手な私にはどうしても覚えられなかったのです。

　そこで私は、単語集や熟語集を使って暗記をすることを諦めて、長文問題に出てきた単語や熟語を覚えるようにしました。すると、不思議なくらい記憶に残るようになったのです。

　英文のなかに知らない単語があるときには、前後の流れからその意味を推測したり、辞書で調べたりする必要があります。単語集のなかで一つ一つの単語をバラバラと眺めるよりも、文章を読みながら知らない単語を目

にするほうが「意味を知りたい」という気持ちになるものです。つまり、それだけ記憶に残りやすくなるわけです。

　また、単語集で丸暗記した単語の意味をそのまま文章に当てはめると、不自然な日本語訳になってしまうことが少なくありません。文章を読みながら覚えた単語は、文章のなかで使われる「生きた意味」として記憶に残すことができるという利点があります。

　文章中の単語や熟語を覚えるためには、オリジナルの単語集を作るのが一番です。単語集を作るというと面倒な感じがするかもしれませんが、自分で見るだけなので、メモ書き程度の簡単なもので構いません。私は手のひらくらいの小さなノートを買って、それに「単語」、「発音」、「意味」を書いていきました。

苦手な暗記を克服するために作ったオリジナルの単語集

作ったら、あとは定期的に見直すだけです。市販の単語集では何度見ても覚えられなかったのに、この方法だと2、3回見直すだけで覚えられました。また、単語の意味だけではなく、その単語が含まれていた文章も一緒に思い出せるという効果もあります。

長文問題を解きながら単語を覚えていくこともできます。単語集を完璧にマスターしてから長文問題に取り組もうとする受験生が多いのですが、最低限の語彙力を身につけたら長文を読み始めたほうが効果的です。

もしかしたら、オリジナルの単語集では取りこぼしがあるのではないかと不安に感じる人がいるかもしれません。また、問われやすい単語をひと通り覚えておきたいという受験生も多いことでしょう。そんなときには、市販の単語集を使えばよいのです。入試対策用の単語集であれば、単語が出題されやすい順番や、意味に関連性がある順番で掲載されています。

このような単語集を使うことで、それまでに覚えてきた単語を系統立てて復習することができるはずです。単語集は、最初からすべて暗記するのではなく、確認用として使う方法が上手な使い方と言えます。

❹知らない単語の意味を推測する方法

語彙力を完璧にする前に長文を読むことをすすめる理由がもう一つあります。それは、知らない単語の意味を推測する力を養うことです。定期テストとは違い、受験では初めて目にする英文ばかりとなります。そのなかには、必ずと言っていいほど知らない単語がいくつか含まれています。そこで、知らない単語があっても、その意味を推測して読み進める力が求められます。

推測力を身につけるためには、長めでストーリー性のある英文を題材にしている問題集を使うとよいでしょう。文章全体の流れがつかみやすい文章のほうが、意味を推測する手がかりがたくさん散らばっているものです。

長文のなかで知らない単語があったときには、そこで立ち止まらずに先

を読み進めます。そして、前後の文章との関係に注意をして、ストーリーの流れをつかむことを意識して読むようにしてください。話の流れをつかむためには、話の道筋を示す単語や熟語に着目するとよいでしょう。

話の道筋を示す言葉のことを「ディスコースマーカー（discourse marker）」と言います。ディスコースマーカーには以下のようなものがあります。

　　　意見：I think, in my opinion, ……
　　　逆接：but, however, on the contrary, ……
　　　例示：for example, for instance, ……
　　　対比：on the other hand, ……
　　　結論：therefore, as a result, ……

このような語句に着目して英文を読み進めることによって、全体の流れがつかみやすくなるのです。例えば、「I think」という語句があれば「次は筆者の意見が続く」とか、「therefore」という単語が来たら「次は結論が来る」ということが分かります。

ディスコースマーカーに着目すれば、多少知らない単語があっても文章全体の流れを見失わずに読み進めることができるようになります。

❺英文を理解するために文型を理解しよう

繰り返しますが、英文を理解するためにはストーリーの流れや文章全体の構造を把握することがとても大切となります。それぞれの単語にこだわりすぎて、「木を見て森を見ず」という状態になってはいけません。

英文全体の流れをつかむためには、前述したように、ディスコースマーカーを意識することがポイントとなります。さらに、それぞれの文章の意味をつかむためには、その文章の文型を意識するようにしてください。

英文を構成するそれぞれの単語は、その役割によってS（Subject：主

コラム 「基本5文型」

【第1文型（S + V）】

　Plants grow.（植物は成長する）
「主語＋動詞」だけで意味が通じる文章です。何らかの修飾語がついていることもあります。

【第2文型（S + V + C）】

　We are hungry.（私達はお腹が空いている）
　S + V だけでは意味が通じず、さらに補語（C）を必要とする文章です。第2文型の補語は主語の説明をしているため、意味のうえで主語（S）＝補語（C）の関係が成り立ちます。（上の例では、We ＝ hungry）

【第3文型（S + V + O）】

　Ken wants a bicycle.（ケンは自転車を欲しい）
　S + V に加えて目的語（O）を必要とする文章です。修飾語が加わり、S + V + O + M となることもあります。

【第4文型（S + V + IO + DO）】

　She gave me an English dictionary.（彼女は私に英語辞典をくれた）
　S + V のあとに二つの目的語（O）を必要とする文章です。「……に～をする」という型の二つの目的語のうち「……に」にあたる語を「間接目的語（IO）」と言い、「～を」にあたる語を「直接目的語（DO）」と言います。間接目的語には「人」が、直接目的語には「物」が来るケースが多いです。

【第5文型（S + V + O + C）】

　My brother named his dog "Shiro".（私の兄弟は犬に「シロ」と名付けた）
　S + V のあとに目的語（O）と補語（C）の両方を必要とする文章です。意味のうえで目的語（O）＝補語（C）の関係が成り立ちます。（上の例では、his dog ＝ "Shiro"）

語)、V（Verb：動詞）、O（Object：目的語）、C（Complement：補語）と、その他のM（Modifier：修飾語）に分類されます。知らない単語を目にしたとき、その単語の文章内における役割が分かれば、その意味を推測しやすくなります。

　単語をS、V、O、C、Mに分類するためには、「基本5文型」の理解が不可欠です。基本的にどの英語の文章も、**コラム**に掲げた五つのパターンに分類することができます。

　これらの「基本5文型」は、英文法のなかで最も重要な内容です。少しでも曖昧な部分は、教科書などで必ず確認をしておきましょう。文型の理解を深めるだけでも、英文の理解レベルが格段に上がるはずです。

❻長文の読解スピードを格段に上げる方法

　ここまでのことを実践するだけでも、マーク模試で6〜7割を取れるようになります。ただ、マーク模試で8〜9割、さらにそれ以上を取りたいという難関大学を目指す受験生もいることでしょう。

　私がマーク模試で7割を超えるようになったとき、ある壁にぶつかって点数が伸びなくなったことがあります。点数が伸びない原因は、英文を読むスピードが遅いことにありました。

　近年の受験英語は、大量の英文を素早く読んで、正確に内容を把握する力が求められています。そのためには、英文を「返り読み」しないことが重要となります。ここでは、この「返り読み」についてお話しします。

　まず、下の英文を読んでみてください。

I found a book about history.

　この英文を訳すと「私は歴史に関する本を見つけた」となります。この英文を日本語に訳すためには、

　　　　私は（I）
　　　　歴史に関する（about history）
　　　　本（a book）
　　　　を見つけた（found）

という順番で訳す必要があります。
　これが「返り読み」です。正しい日本語にするためには、ひとまず英文の最後まで目を通してから語順を組み替えながら訳していかなければなりません。でも、一つ一つの文章を返り読みしていては時間がかかってしまいます。私がマーク模試で８割の壁を突破することができたのは、この「返り読み」を止めたときでした。そうすると、長文読解のスピードが格段に上がったのです。
　英語を母国語とするネイティブスピーカーは、下の順序で意味を理解します。

　　　　I（私は）
　　　　found（を見つけた）
　　　　a book（本）
　　　　about history（歴史に関する）

　英文を意味のまとまりごとに区切り、そのまとまりごとに英語の語順に沿って理解していきます。語順通りに理解することができれば、複雑で長い文章でも、返り読みをせずに次々と意味を取っていくことができるのです。
　ネイティブスピーカーと同じように英文を理解することができれば、「読む」だけでなく「聞く」、「書く」、「話す」というほかのスキルも向上していくことは間違いありません。
　返り読みをしない英文読解は、最初は難しく感じるかもしれません。で

も、慣れてしまえば日本語を読むのと大差ないスピードで英文を読み進められるようになります。ただし、最低限の語彙と文法、構文の知識がないと英文の至る所で読解がストップしてしまって、スピードを保ったまま読み進めることが難しくなってしまいます。

　そのため、この読解方法は受験勉強の中盤以降に習得することをオススメします。「文章を読めば分かるけど、スピードが足らなくて問題を解き終わらない」という壁にぶつかったときが、習得するのに適したタイミングと言えるでしょう。

❼ 的外れな英作文をしないためのコツ

　英作文をするときに、語句を一つずつ和英辞書で調べて英訳していく受験生がたくさんいます。でも、辞書でバラバラに調べた語句を結び付けただけでは、英語として不自然な文章や、カジュアルとフォーマルのバランスが崩れた文章ができあがってしまいます。何より、一つの英文を作るのに何度も辞書を調べるのは、とても骨の折れる作業となります。

　英作文は「何から手をつけてよいのか分からない」、「いつも的外れな文章ができてしまう」というような相談が多く、独学で勉強しにくい分野ということができます。ネイティブスピーカーでない以上、英作文で満点の答えを目指すのは難しいかもしれません。それでも、的外れな文章を作らないためのコツがあります。ここでは、英作文に取り組むときに意識してほしいことをお話しします。

　英作文では、与えられた問題文の日本語を、英語にしやすい別の表現に言い換えられないかをまず吟味します。つまり、まずは自分が使いこなせる基本的な構文を用いることができないかを考えてみるのです。

　ここから、シンプルな例を使って説明していきます。例えば、下の文章を英訳するとしましょう。

　　　　　　その薬を飲んで私は眠気に襲われた。

この場合、「眠気に襲われた」は「眠くなった」と考えてよいでしょう。また、「……して私は眠くなった」は「……は私を眠くさせた」と言い換えることができます。よって、先の文章は

その薬は私を眠くさせた。

と言い換えることができます。

　与えられた文章を英訳しやすい表現に言い換えたら、英文を作り始めます。英文の骨格となるのは、何と言っても動詞です。動詞が決まれば、自ずと文型も決まります。動詞によって英文の大きな枠組みが決まるため、骨格となる動詞を間違えなければ大きな減点を防ぐことができます。

　この例は「……（人）を～（状態）にさせた」という文章なので、動詞は「made」を用いることができます。「made」は「S + made + O + C」の文型をとり、「S が O（人）を C（状態）にさせた」という意味になります。この例の場合、S は「その薬」、O は「私」、C は「眠い」なので、それぞれ「The medicine」、「me」、「sleepy」で表現できるでしょう。よって、完成した英文は次のようになります。

The medicine made me sleepy.

　このように自然な英文をつくるために、「問題文を言い換える」ことと「動詞を注意深く決める」ことを意識してください。特に動詞は、「読む」、「聞く」、「話す」のスキルにおいても重要です。動詞の文型のとり方や用例などは、普段から意識して確認するようにしておくとよいでしょう。

❽受験後も英語を使いこなすための勉強法

　最後に、受験のあとも英語を使いこなしたいという上級者向けの勉強法を紹介します。英語を本当の意味で使いこなせるようになるためには、生(なま)の英語を見て聞いて、感じられる時間をたくさん作ることが何よりも大切となります。

私は、仕事で英語を公用語とするフィリピンに1か月にわたって出張に行った経験があります。このときは、事前に「英字新聞を読む」、「洋楽の曲を聞く」といった方法で生の英語に触れておくことによって、海外出張を無事に乗り切ることができました。
　とはいえ、受験生の場合は英語の勉強ばかりをしているわけにはいかないでしょう。そこで、普段の受験勉強のなかで自然に生の英語に接する機会を増やすためにオススメなのが、「英英辞書を使う」という勉強法です。
　英英辞書とは、文字通り英語の言葉の意味を英語で説明している辞書のことです。英英辞書というと敷居が高いように感じられるかもしれませんが、実際に読んでみるとそうでもありません。
　例えば、『ロングマン現代英英辞典［4訂増補版］』（桐原書店）で先ほどの英作文の例で出てきた「make」の意味を調べてみると、下のように説明されています。

[CAUSE] to cause something to happen, or cause a particular state or condition: *It was this movie which made him a star.* | *The photo makes her look much older than she really is.*

　いかがでしょうか？　模試で出題されるような英文と比べると、比較的平易な表現で説明されています。
　この「CAUSE（……を引き起こす）」という意味だけで、なんと八つもの例文が紹介されているのですが、ここでは二つに絞って紹介しました。この2文を読んだだけでも、前者では関係代名詞「which」を、後者では比較「much older than」もあわせて復習することができるわけです。
　このように、英英辞書を使うだけで自然と生の英文に触れる機会が増え、より「実践で使える」英語が身につけられるようになります。英語で高得点を目指し、さらに将来英語を使いこなしたい人は、ぜひ試してほしい勉強法です。

2 数学の勉強法

❶理解できるところから積み上げよう

　受験勉強には「暗記」がつきものです。暗記には、英単語のように理屈なしで覚えていく「単純暗記」と、物事の背景やなぜそうなるのかという理由を理解して覚えていく「理解暗記」という二つのパターンがあります。

　数学は、理解暗記を積み上げていく科目です。基礎の理解が曖昧だと、すべてを単純暗記で乗り越えていくことになってしまいます。単純暗記は、理屈を理解して覚えていく理解暗記と比べてあまり記憶に残りません。また、単純暗記には「応用がきかない」という欠点もあります。暗記した問題がそのまま出てくれば答えられますが、少しひねりが加わると「手がつけられない」という状態になります。

　たとえ文系だとしても、数学を単純暗記で乗り越えようとするのはやめるべきでしょう。数学には、たくさんの出題パターンがあります。すべてを単純暗記で乗り切ろうとする勉強は、苦痛以外の何物でもありません。「数学を勉強していてもつまらない」、「いくら勉強しても解けるようにならない」という人は、数学を単純暗記で勉強している場合がほとんどです。数学を理解暗記で勉強していくためには、自分が理解できるレベルまで戻ってやり直すしかありません。こと数学に限っては、必要であれば中学の内容までさかのぼって復習をする必要があります。

❷理解できているかどうかを確認する方法

　自分の勉強が単純暗記なのか、それとも理解暗記なのかが分からない受験生もいるかもしれません。自分の勉強法がどちらの暗記に基づいているのかを知りたければ、「公式を自力で導き出すことができるのか」を確認してください。

例えば、直角三角形における3辺の長さの関係を表す等式

$a^2 + b^2 = c^2$（斜辺の長さを c とし、その他の辺の長さを a、b とする）

は、「ピタゴラスの定理」や「三平方の定理」などと呼ばれ、とても有名な公式の一つです。

この公式は、辺の長さを当てはめるだけなので「使う」ことはできるでしょう。ただ、なぜこの公式が成り立つのかを証明することができますか。公式は使えるレベルではなく、ぜひ証明できるレベルを目指しましょう。ちなみに、ピタゴラスの定理は次のように証明することができます。

[証明] △ABC を ∠C が直角とし、頂点 A、B、C の対辺の長さをそれぞれ a、b、c の直角三角形とする。△ABC と合同な三角形を下図のように並べると、一辺の長さが $a + b$ の正方形の内側に一辺の長さが c の正方形ができる。

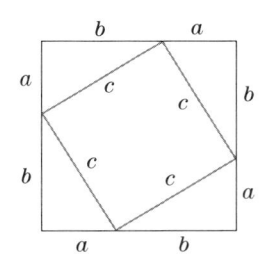

ここで、
　　（一辺 $a + b$ の正方形の面積）
　　　　　　　　＝（一辺 c の正方形の面積）＋（△ABC の面積）× 4
となるので、

$$(a + b)^2 = c^2 + \frac{1}{2}ab \times 4$$

よって、$a^2 + 2ab + b^2 = c^2 + 2ab$　より

　　　　　$a^2 + b^2 = c^2$　となる。（証明完）

公式を証明できて、初めて自分のものとして使うことができると考えてください。公式がどのようなプロセスで導き出されたのかを知っていれば、いつその式を使えばよいかが自然と分かってきます。

これは、理系の人はもちろん文系の人も同じです。私の生徒には、公式を自分で導くことを徹底したことで、文系でも通知票の成績を一気に「3」から「10」へと上げた人もいました。

ちなみに、1999年の東京大学の前期試験において、文系・理系ともに次のような問題が出題されたことがあります。

① (1) 一般角 θ に対して $\sin\theta$、$\cos\theta$ の定義を述べよ。
(2) (1)で述べた定義にもとづき、一般角 α、β に対して
$$\sin(\alpha+\beta) = \sin\alpha\cos\beta + \cos\alpha\sin\beta$$
$$\cos(\alpha+\beta) = \cos\alpha\cos\beta - \sin\alpha\sin\beta$$
を証明せよ。

$\sin\theta$ と $\cos\theta$ の定義はもちろんのこと、(2)の加法定理も教科書で説明されている基本事項です。このような基本公式の証明問題が、実際の受験で出題されているのです。定義を正確に説明する力や公式を証明する力は、受験でも確実に求められていると言えるでしょう。

❸ ケアレスミスが減らない理由

「計算ミス」のことを「ケアレスミス」という受験生がたくさんいます。確かに、ある程度の基礎計算力があるのにもかかわらず、油断から生まれたミスはケアレスミスでしょう。

ただ、計算ミスを繰り返してしまう人にとっては、それはケアレスミスではなく、計算力不足によって起こるべくして起きたミスと言えます。「ここでケアレスミスしてなければ10点上がってたのに本当についてないな

……」なんて、計算ミスを運のせいにしていたら、いつになっても計算ミスはなくなりません。

計算ミスを繰り返してしまう場合は、まず計算力不足に原因があることを受け入れてください。でも、それほど悲観する必要はありません。計算ミスは、必ずなくすことができるからです。

何度も計算ミスを繰り返す人は、たいてい同じ計算で間違いを繰り返しているだけなのです。（　）（かっこ）の展開をするときに正負を間違えてしまう人もいれば、ルートの含まれた式の計算が苦手だという人もいます。

計算ミスの根源は、小学校や中学校で習うレベルの計算にあることがほとんどです。ある特定の計算が苦手のため、その計算が出てきたときにミスを繰り返してしまうのです。

「自分は早とちりする性格だから、どうしてもケアレスミスがなくならないんだよね」なんてミスすることを諦めている受験生もいますが、計算ミスをするのは性格のせいではないので安心してください。

計算ミスをなくす方法は簡単です。まず、計算ミスをしたときにその原因を探りましょう。自分にとって苦手な計算はどのような計算なのかを調べるのです。そして、再びその計算をするときには時間をかけてミスなく解くことを意識するだけです。

これを繰り返すことで、計算ミスは必ず減っていきます。

❹ 数学語への翻訳に慣れよう

受験数学では、たいていの分野が最初は基本的な計算問題から始まります。続いてその計算を使って、ある条件が設定された問題を解くことになります。このレベルにまでなると、「問題の意味が分からない」、「何から手をつけていいのかが分からない」という壁にぶつかる受験生が多いようです。

条件のある問題を解き進めるためには、日本語を数学語に翻訳することがポイントとなります。つまり、問題の条件を数式に置き換えるという作

業です。ここから、2次関数の問題例を使って説明します。

【問題】 頂点が $(1, 2)$ で、原点を通る2次関数を求めよ。

この2次関数が満たす条件は「頂点が $(1, 2)$」と、「原点を通る」の二つです。この日本語の表現を数式に置き換えるとどのようになるのかを考えるのです。この例では、

「頂点が $(1, 2)$」
　→「2次関数を $y = a(x - 1)^2 + 2$ と置くことができる」　……①
「原点を通る」
　→「$(0, 0)$ を通る」
　→「①の式に $x = 0$、$y = 0$ を代入して $0 = a(0 - 1)^2 + 2$ が成り立つ」

と考えられます。ここから a を求めれば「$a = -2$」となるので、答えは「$y = -2(x - 1)^2 + 2$」となります（または、展開して「$y = -2x^2 + 4x$」）。

ここではシンプルな例を挙げましたが、複雑な問題でも問題の条件を正確に把握することから始まります。数学が得意という受験生は、この条件の翻訳を的確に素早く行っているのです。

最初のうちは慣れないかもしれませんが、「この条件は数式に置き換えるとどういう意味だろう？」と普段から意識をするようにしてください。そうすれば、自然に翻訳ができるようになっていきます。

❺ 問題を解かない復習法で効率アップ

受験数学の勉強の初期には、ここまでお話ししてきた「公式を理解暗記する」、「基礎計算力を身につける」、「問題の条件を数式に翻訳する」の三つが上達のポイントとなります。教科書レベルの基本的な問題をひと通り

解くことができるようになれば、模試で安定して平均点を超えることができるようになるはずです。

　ただし、数学は出題パターンが多すぎるため、新しいことを勉強しては前に勉強したことが頭から抜けていく……なんてことにもなりかねません。これを防ぐためには、単純暗記ではなく理解暗記を積み重ねるのはもちろんのこと、１問解くためにかける時間を減らして復習を繰り返すほかに方法はありません。

　復習の効率を上げるために、私はあえて「問題を解かない」という復習法をオススメします。この復習法では、問題を読んで自分の理解度を次の三つのレベルで判断します。

　　○……頭の中で解法の流れをすべてイメージできる。
　　△……問題の翻訳ができて解き始められるが、答えまで辿り着けるかは分からない。
　　×……問題の翻訳さえできず、手をつけられない。

このそれぞれの理解度に対して、次のように復習を進めます。

　　○→解かずに正答を軽く読む（自信があるなら正答を見る必要もない）。
　　△→答えまでの流れがイメージできるまで実際に書いて解き進める。
　　×→正答をしっかり読む。

　問題を解くことになるのは、理解レベルが△の問題のみです。解法の流れを頭の中でイメージすることができれば、紙に書いて解く必要はありません。解答をイメージするだけでも十分な復習になるので、あえて解答を書くのに時間をかける必要はないでしょう。

　逆に、問題を読んでもまったく解決の糸口がつかめないのであれば、正答を読んで理解できるのかを確認してください。

くれぐれも、「同じ問題を考えていたら、手を動かさないまま時間が過ぎてしまった」なんてことがないように注意しましょう。まずは、正答を「読んで理解できるレベル」を目指し、次に「自力で解けるレベル」へと高めていけばよいのです。

　このように復習することで、1問当たり数分で復習することが可能になります。勉強したことを定着させるには、頭から抜けてしまう前に復習することが大切です。1問1問じっくりと解くよりも、1問にかける時間を短くして、より多くの問題に目を通すことを意識してみてください。

❻ 解答スピードを上げる方法

　受験数学は、効率よく復習を繰り返すことで確実に力はついていきます。数学を苦手とする受験生は、自分の計算力不足から目をそらしているか、復習の効率が悪いために理解暗記したはずの内容を忘れてしまって間違いを繰り返している場合がほとんどです。

　土台となる基礎計算力があり、基本的な問題集をひと通りこなすことができていれば、模試で7～8割は取れるようになるでしょう。

　さらに高得点を目指すためには、問題を解く「スピード」が不可欠となります。特にマーク模試は、ある程度の実力がついてくると「時間内に問題を解き切れない」という壁にぶつかります。

　解くスピードを高めるためには、より素早く計算ができなければなりません。もちろん、計算の正確さは維持したままスピードを上げるのです。そのためには、計算中によく出てくる因数分解や三角比の値、微分積分の式変形など、各分野の教科書レベルの計算は見た瞬間に解けるようにしておきましょう。簡単な計算や式変形に時間がかかるうちは、高得点を取るのは難しいと言えます。

　解くスピードを上げるためにもう一つ意識してほしいことは、「より多くの別解を理解すること」です。数学は、解答が一つでも、それに至る道は一つではありません。一つの問題をより多くの視点から解けるようにす

ることで、より最適な解き方を選ぶことが可能となります。

　つまり、複雑な計算を避けて、より素早く答えに辿りつける方法が選べるようになってほしいのです。また、マーク形式の問題は穴埋めの問題を解き進めていくため、与えられた問題の流れに沿って答えを求めていかなければなりません。

　より多くの解答方法を知っておくことで、マーク形式の問題では、様々な解き方にも対応できるというメリットもあります。

❼ 数学を楽しもう

　受験勉強を、「試験のための勉強」と考えるとやはり苦しくなります。ただ、理系の私にとって、数学はどこか楽しさを感じながら勉強していた記憶があります。

　頑張って計算した結果が正答と合っていたら嬉しいですし、ずっと理解できなかったことを初めて理解できたときには、「なるほど！」と叫んでしまったこともありました。

　三角関数「$\sin\theta$」を微分すると「$\cos\theta$」になり、「$\cos\theta$」を微分すると「$-\sin\theta$」になると授業で習ったときには、数学の不思議な美しさに心から感動したことを今でもよく覚えています。

　大学でも数学の勉強を進めると、オイラーの等式「$e^{i\pi} + 1 = 0$」を証明することになるかもしれません。この等式は、数学上最も重要な定数と言われる「0」「1」「π」「e」「i」だけを使った美しい等式として有名な式です。ほかにも、数学には昔から研究されて築かれてきた洗練さと美しさがあります。

　数学上、最も美しいとされる黄金比 $\left(1 : \dfrac{1+\sqrt{5}}{2}\right)$ は、ビジネスの名刺やパルテノン神殿などの歴史的建造物などに使われていたり、受験生がよく目にする偏差値も確率論の考え方に基づいて算出されていたりなど、数学は実生活とのつながりが深い学問と言えます。

受験勉強はもちろん大切ですが、数学そのものがもつ楽しさを味わえる余裕をもつようにしましょう。より好奇心をもって勉強をすることで、楽しみながら受験勉強を進めていくことができます。

3 国語の勉強法

❶国語力を高めるために必要なこと

　国語には「現代文」と「古文」、そして「漢文」がありますが、いずれも与えられた文章を読んで、その理解度を問われるという点は共通しています。国語力を高めるためには、まず文章を読むことに慣れておく必要があります。

「日本語なんて、普段から話してるんだから大丈夫」

なんて思うかもしれませんが、話しているときに使う言葉（口語）と、文章で使われる言葉（文語）は違います。ぜひ、普段から本や新聞などを読む習慣を身につけておきましょう。

　また、読み方や意味が少しでも曖昧な言葉は、その都度辞書で調べて確認するようにしてください。普段からこのような癖をつけておけば、文章の意味を正確に捉える力や文章を読むスピードがグンと上がります。

　常日頃から本や新聞を読んでいると、自分とは違う考えや価値観を知れるようになります。この経験がないと、その違いに気付くことができず、自らのことを客観的に見られなくなってしまうのです。このような人は、物事を主観的にしか捉えられなくなり、「……のはずだ」という自分の結論ありきで文章を読んでしまうため、筆者の主張を誤解して捉えがちになってしまいます。

　問題文を誤解なく読むためには、様々な考え方や価値観があることを知

っておくことが重要です。そうすれば、「このテーマなら A と考える人もいれば、B と考える人もいる。筆者の主張はどちらだろう……」と、客観的に文章の意味を捉えることができるようになります。

　よりたくさんの考え方や価値観に接するためにも、普段から本や新聞を読む癖をつけておきましょう。

❷文章の構造を図式化できるようにしよう

　問題文における筆者の主張を正しく理解するためには、文章の内容を論理的に読み進めなければなりません。そのためには、文章中のキーワードやポイントとなる主張部分を図式化していく練習をするとよいでしょう。文章の内容を図式化できるということは、その文章を論理的に理解できているということになります。

　では、どのような図を書けばよいのでしょうか？　私は普段本を読むとき、その内容を「マインドマップ」という図にまとめることがあります（次ページ）。実際に私が書いているマインドマップを紹介しましょう。

　マインドマップは、イギリスの教育者であるトニー・ブザン（Tony Buzan, 1942～）が開発した図の書き方です。私達の脳の中は、たくさんの神経細胞がシナプスという構造でつながっています。マインドマップは脳の神経構造をそのまま図に表現したもので、「脳の地図」と呼ばれることもあります。

　マインドマップは、基本的に次の四つのステップで書いていきます。

❶中央にテーマとなるイメージ（セントラルイメージ）を書く。
❷セントラルイメージから枝を伸ばす。
❸枝の上にセントラルイメージと関連づいたキーワードを書く。
❹枝先から新しい枝を伸ばす ⟶ 再び❸へ。

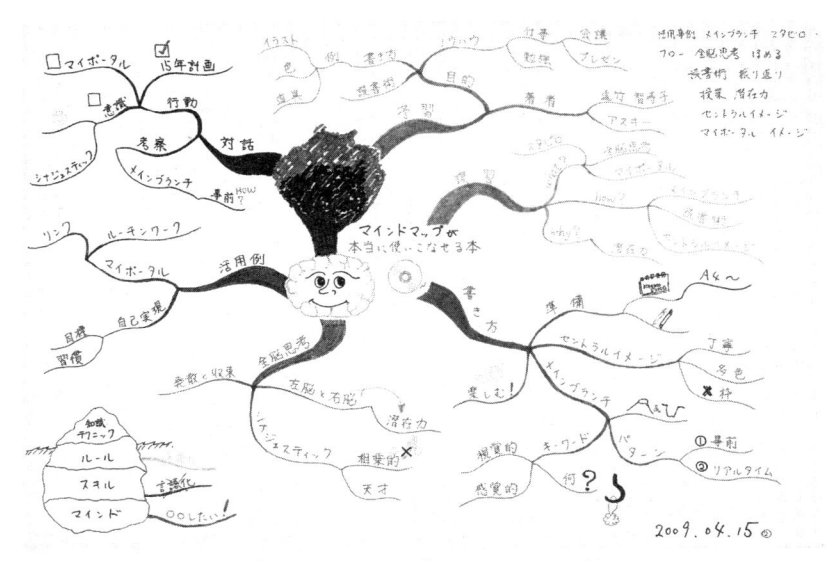

第4章　科目別の勉強法マニュアル　105

記憶力を高め、思考を整理するツール「マインドマップ」
註：上の図は、『マインドマップが本当に使いこなせる本』（遠竹智寿子／月刊アスキー編集部著、アスキー・メディアワークス、2008年）を読んだあとに、その内容をまとめたものです。

　マインドマップでは、全体のテーマとなるセントラルイメージから曲線の枝を伸ばし、その枝の上にキーワードや絵を書いていきます。続いて、キーワードや絵から連想される新しいキーワードや絵を、新しい枝を伸ばしながら書いていくことを繰り返していきます。
　曲線でリズムをつけた枝や、文字だけでなく図も書くことによって、言葉や数、線などをつかさどる左脳と、リズムや色、図形などをつかさどる右脳を同時に使って脳の力を最大限に引き出すというわけです。
　いかがですか。今まで目にしたことがない図を見て、新鮮に感じた人もいるかもしれません。でもきっと、それ以上に「試験時間中にこんな図を書けるわけがない！」と感じた人がほとんどでしょう。
　でもご安心ください。ここまではマインドマップの基本的な書き方であ

り、これらに縛られる必要はありません。私は状況に合わせて簡略化して書くこともあります。例えば、下のマインドマップは、ある時期のスケジュールをメモ書きしたものです。

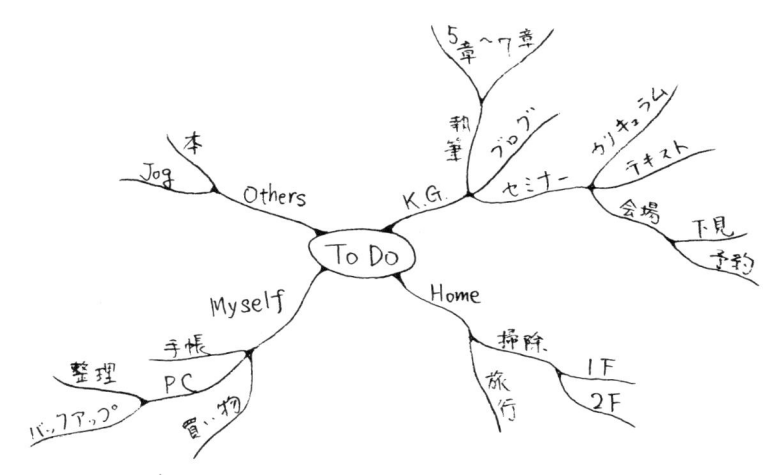

試験中にはメモ書きレベルのマインドマップを活用しよう！

試験中にまとめるのであれば、これくらい簡略化したものがよいでしょう。枝としては、「主張」や「具体例」、「結論」などを作っておくと、話の論旨がまとめやすくなります。

❸ 限られた時間で文章を読み解くテクニック

本や新聞を読むときは自分のペースで時間をかけて読むことができますが、受験では限られた時間のなかで問題文を読み解かなければなりません。よって、筆者の主張を「正確に」かつ「素早く」捉えることが大切となります。問題によっては、出題される文章量が多いために難しくなるというケースもありますので、ここでは素早く文章の内容を把握するためのテクニックを三つ紹介します。

まず大切なのは、繰り返しお話ししてきたように「文章を読み慣れる」ということです。普段から、本や新聞を読むときにスピードを意識して読んでみてください。私の場合、読むスピードを上げたいときは文字を目で追うだけではなく、文字に指をあてて文章に沿って素早く動かすようにしています。

　さらに、文章を「斜め読みする」ことができるようになると、読むスピードがさらに上がります。斜め読みとは、文章の本筋を読み取るために細かい部分は読み飛ばしていくことです。

　例えば、段落の最初に筆者の主張が書いてあって、そのあとに具体例が書かれていた場合は、筆者の主張が理解できるのであれば具体例は読み飛ばしても構わないということです。反対に、主張を読んでも理解できないときは、具体例を読んで理解を深めるようにすれば限られた時間を有効に使うことができます。

　試験を効率よく解くにあたって大切なことが「設問を先に読む」ということです。設問を先に読むことで、これから読む文章にどのような内容が書かれているのかが分かる場合があります。それに、「設問で求められているものは何か」を意識しながら文章を読み進めることができるというメリットもあります。

　「犯人は誰だろう？」と思いながら推理小説を読むとあっという間に読み進められるように、目的意識をもって文章を読むと集中して素早く読むことができるのです。設問に関係しない部分を読み飛ばしていくことで、さらにスピードアップが可能となります。

❹「現代文」は問題形式に慣れることが大切

　現代文は、残念ながら時間をかけて勉強をすれば必ず伸びるというものではありません。英語と違って、現代文で与えられる文章はスラスラと読み進められるがゆえに、つい「分かったふり」になってしまいやすいのです。でも、回答を間違えてしまうのは、前述したように「主観的に読んだ

ことによる勘違い」であったり、「文章を論理的に追えていない」からです。間違いの原因や自分の弱点がつかみにくいからこそ、対策がとりにくいのです。

　現代文の対策としては、やはり「問題を解き慣れること」が一番となります。過去問を繰り返し解くことで、客観的な視点をもって正解を導くコツがつかめるようになります。特に、解答を注意深く読んで正解を導くプロセスを理解することが大切です。そのためには、同じ問題に対して複数の解答を読むことをオススメします。

　センター試験の過去問題集は、複数の予備校から発売されています。できるなら何冊か手に入れて、一つの問題を解いたあとにその問題に対する複数の解答を読んでみるとより理解が深まるはずです。

❺「古文」と「漢文」は基礎を大切にしよう

　古文の文章を読んで内容を理解するためには、ある程度の古文単語と文法を正確に覚えておく必要があります。特に文法は、動詞や形容詞、形容動詞といった用言の活用や助動詞、そして敬語の使い方を押さえておきましょう。

　ただし、単語と文法にあまり時間をかけすぎないことも大切です。英語と同じく、古文も単語や文法を単独で覚えるよりも、実際に問題を解きながら覚えていったほうが効率よく勉強を進めることができます。

　一方、漢文は、古文と比べると覚えることは圧倒的に少ないです。再読文字や返り点の読み方、いくつかの句法を覚えれば問題を解き始めても構いません。基本的な参考書を1冊しっかりと取り組めば、十分に得点源になり得ます。

　漢文は短時間の勉強で点数が伸びやすいので、他科目との勉強時間のバランスを考えて余裕のあるときに取り組んでください。漢文を早めに仕上げておけば国語の点数が安定して、精神的な余裕も生まれるでしょう。

4 理科の勉強法

❶理解の土台となる力とは

　理科は、化学、物理、生物、地学の4科目で構成されます。どの科目を勉強するにせよ、すべての科目の土台となるのが数学の力です。どの科目でも計算問題が出題されますし、表やグラフなどを使って起きている現象の本質を理解する論理的な思考が求められます。

　ここで必要とされる数学の力とは、中学校レベルのものでしかありません。高校数学ほど複雑な計算をすることは求められませんが、「文字式の計算」には慣れておく必要があります。文字式を使う計算は、最初は難しく感じるかもしれませんが、何問か解いてみると数値の計算より文字式の計算のほうが素早くできることが分かります。ぜひ、文字式の問題には臆せず取り組んでください。

　また、理科では「単位を正確に使い分ける」ことを意識してください。例えば、「100」という数字に「g」という単位がつけば「100」は重さを表します。しかし、「m」がつけば長さに変わります。つまり単位は、その数字に「意味」をつける大切な記号ということになります。

　この単位の理解が少しでも曖昧だと、問題の意味を勘違いして間違った回答を導くことになります。「g」や「m」のように普段から使い慣れている単位は問題ないとしても、「mol」、「atm」、「N」など、高校理科特有の単位には注意が必要となります。

　さらに、非常に大きな数値や小さな数値を扱うときには「補助単位」が使われることがあります。

　私達の日常生活においては、「1,000m」を「1km」と表現したり、「1,000mg」を「1g」と表現したりしています。この「k」や「m」のように、大きさの表現を補助する役割をもつ記号のことを「補助単位」と言います。よく

使われる補助単位として、下の表に掲載したものを覚えておくとよいでしょう。それぞれの単位の意味を把握するとともに、単位の換算も自由自在にできるようになっておいてください。

補助単位	p	n	μ	m	k	M	G	T
読み方	ピコ	ナノ	マイクロ	ミリ	キロ	メガ	ギガ	テラ
大きさ	10^{-12}	10^{-9}	10^{-6}	10^{-3}	10^{3}	10^{6}	10^{9}	10^{12}

よく使われる補助単位

❷ 理科が苦手な受験生の勘違い

「公式が覚えられない」と、理科に苦手意識をもっている受験生がたくさんいます。でも、それは大きな勘違いです。

　理科で使う数式は、シンプルな形のものが多いのです。例えば、化学における気体の状態方程式「$PV = nRT$」や物理における運動方程式「$F = ma$」など、理科で扱う公式は数学の公式に比べたら覚えやすいものばかりです。

　理科の成績が伸びないのは、「公式を覚えられないから」ではなくて、「公式の使い方が分かっていないから」です。公式を覚えているレベルと使いこなせるレベルは大きく違うということを、まず強く意識するようにしましょう。

　それでは、どのようにすれば公式を使いこなせるようになるのでしょうか。そのためには、数学と同じように公式の形を覚えるだけではなく、なぜその公式が成り立つのかという背景を理解する必要があります。特に理科の公式は、適用できる条件が限られていたり、使える単位が決まっていたりすることが多いので、形だけを覚えても正しく使うことはできません。

　授業を聞いたり参考書を読んだりするなかで、公式は背景や条件とあわせて理解することを心掛けましょう。時には、聞いたり読んだりするだけでは理解ができないこともあるはずです。その場合は、「問題を解く」と

いうアクションを起こしてみてください。

　最初のうちは、公式や答えを見ながら解いても構いません。いくつか問題を解いてみることで、その公式を使うタイミングに共通点があることに気付くはずです。

❸理科が得意な受験生に共通する解き方

　理科の問題は、最初に問題における条件の説明があることがほとんどです。ほとんどの受験生は、その長い説明文を読んだあとに手を動かして問題を解き始めることが多いでしょう。でも、理科が得意な受験生は、問題文を読んでいる間にしていることがあるのです。それは「メモを書く」ということです。

　たいていの問題には、図やグラフなどが載っています。与えられた図に、解くのに必要な情報を書き加えているのです。条件が文章で書かれているよりも一つの図にまとめられているほうが、一目で確認をしやすくなります。

　とはいえ、「どんなメモを書けばよいのか分からない」という受験生も多いことでしょうから、メモ書きの得意な人とそうでない人との差が顕著に出やすい物理の問題を使って実例を紹介しましょう（物理を選択しない受験生は、解法の中身まで理解する必要はありません。要点のみ、斜め読みしてください）。

　下の問題は、2010年度センター試験（本試験）における物理Ⅰの最終問題です。

問8　図8のように斜面を水平（$\theta = 90°$）にし、Aを面上に置いて静かに離したところ、Bは降下し始めた。Bが距離 h だけ降下したときのAの速さとして正しいものを、下（次ページ）の①〜⑥のうちから一つ選べ。ただし、このときAは面の端まで達していないとする。　8

図 8

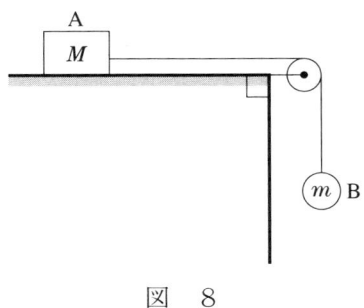

① $\sqrt{2gh}$ ② $\sqrt{\dfrac{2mgh}{M}}$

③ $\sqrt{\dfrac{2mgh}{m+M}}$ ④ $\sqrt{\dfrac{2gh(m-\mu'M)}{m}}$

⑤ $\sqrt{\dfrac{2gh(m-\mu'M)}{M}}$ ⑥ $\sqrt{\dfrac{2gh(m-\mu'M)}{m+M}}$

私がこの問題を解くとすると、計算を始めるときには問題に載っている図8が下のようになっています。

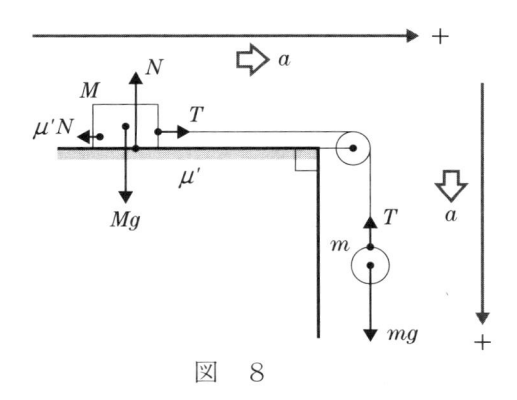

図 8

実際にはもう少し簡略化していましたが、細かいところまで書くとこのような図を書いて解いていました。

図の書き方は、私のなかではルールが決まっていて、物体が動く方向をプラスとした座標軸をとり、物体の質量や加速度、加わる力を書き込むだけです。この「図を書く」というステップを踏むことにより、その後は機械的に計算式を立てることができるようになります。

例えば、この問題では、物体Aと物体Bにおいて運動方程式「$F = ma$」に当てはめて式を立てます（直前の問7にて、物体Aが接する面の動摩擦係数は μ' とされています）。

物体A： $T - \mu'Mg = Ma$ ……①

物体B： $mg - T = ma$ ……②

また、物体Bが距離 h 降下したときの物体Aの速さを v とすると、等加速度運動の公式「$v^2 - v_0^2 = 2ah$」より、$v^2 - 0^2 = 2ah$。

よって、　　　$v = \sqrt{2ah}$ ……③

①＋②より　　$mg - \mu'Mg = ma + Ma$

よって　　　$a = \dfrac{g(m - \mu'M)}{m + M}$

これを③に代入すると

$$v = \sqrt{\dfrac{2gh(m - \mu'M)}{m + M}}$$

よって、答えは⑥となります。

このように、難易度の高いセンター試験の最終問題でさえ、図を書くことによって機械的に解けるようになるのです。普段の問題を解きながら、あなた自身の「解き方のルール」を作っておくようにしましょう。

❹ 過去問で出題傾向を調べておこう

　理科は、大学によって出題傾向がはっきり出やすい科目です。化学では「理論」ばかり狙われる大学もあれば、「有機」のウエイトが高くなる大学もあります。また、物理においても、どの大学でも問われることが多い「力学」と「電磁気」に加えて「波」と「原子」のどちらが出題されやすいのかによって対策の仕方が変わるでしょう。

　生物と地学は、問われる分野については偏りが出にくい科目ではありますが、問題に表やグラフが多用されたり、実験に基づいた問題が多かったりなど出題形式の傾向が違ってきます。前もって受験する大学の過去問を見て、それらの傾向を確認しておくとよいでしょう。

　大学個別の試験では出題傾向がはっきりするのですが、センター試験の場合は、範囲内の内容が網羅的に出題されるケースがほとんどです。問われる内容も基本的なことが多いため、受験理科ではまずセンター試験の対策をすることが定石となります。科目の全範囲の基礎をひと通り身につけたうえで、大学個別の試験で狙われやすい部分を重点的に強化すると効率よく勉強を進められます。

❺ 難問はシンプルな問題の組み合わせ

　理科の問題は、数学と比べると出題パターンが限られます。数学は学ぶ定理や公式が多いため、問題のパターンも多くなるのです。問題のレベルも、簡単な計算問題からある種のひらめきが必要となる難しい問題まで様々です。

　それでは、学ぶことが限られている理科において、難易度の高い問題はどのようにして作られているのでしょうか。実は、そのほとんどがシンプ

ルな問題を組み合わせて作られているのです。

　一見難しそうな問題でも、複数のパターンの組み合わせでしかありません。このことを見抜くことができれば、シンプルに解けるようになります。難しい問題は、細かい問題に分解する意識をもって臨んでみてください。

5　社会の勉強法

❶初めに科目の全体像をつかもう

　社会を得意にするためには、細かい暗記をする前に全体像をつかむことが大切となります。全体像をつかめていない状態で細かい暗記をしても、それぞれの項目がつながらないためになかなか知識は身につきません。

　そこで、受験勉強を始めるときに、まず科目の全体像をつかむことを意識しましょう。そのためには、先に紹介したマインドマップを使うと便利です。

　セントラルイメージから、教科書の章や節ごとに枝を伸ばしていきます。そして、教科書の見出しや本文中のキーワード、ポイントとなる太文字の文章などを拾い出してください。各キーワードのつながりを一目で理解することができ、枝がたくさん伸びるところが科目全体における大切な章や節だということが分かります。

❷重要なポイントを一か所にまとめよう

　社会は数学や理科のように理屈を理解していく科目とは違って、いかに多くの知識を覚えていくかが勝負となります。ところが、私は暗記がとても苦手でした。

　私が受験で地理を選択する切っ掛けになったのは、「地理は、世界史や日本史と比べたら覚えることが少ないらしいよ」という友人の一言だった

のですが、それぐらい私は暗記を避けることばかり考えていました。

　覚えることが少ない地理を選択したとはいえ、いくら勉強しても模試の偏差値はいつも50未満でした。「これはマズイ……」といろいろな勉強法を試した結果、ようやく暗記が苦手な私にも無理なく覚えられる方法に辿りついたのです。

　その勉強法とは、「重要なポイントを1冊の地図帳に書き込む」という方法でした。例えば、世界の人口について勉強をしたときには、中国のページに「人口13億（世界1位）」と書き込みます。そして、日が経ってGDPの勉強をしたときには、再び中国のページに「GDP 7兆ドル（世界2位）」と書き込むのです。

　すると、前に書いた人口のメモが目に入るので、自然と復習もできてしまうのです。これにより、意識して復習するための時間をとる必要がありませんでした。

「ノートをとると同時に復習もできる」という仕組みのおかげで、暗記が苦手な私でも無理なく覚えることができるようになったのです。この方法を繰り返したことで、地図帳を開かなくても中国のページに書いてあるすべてのメモを思い出せるようになりました。その結果、私は地理の偏差値を「20」以上伸ばすことができたのです。

　ここでは地理を例にしてお話ししましたが、世界史や日本史では年表を使ったり、公民では1冊のノートにポイントをまとめたりすることで同じように実践することができます。暗記が苦手な人は、ぜひ試してみてください。

❸一問一答式の問題集の使い方

　社会のような知識を増やすことが必要となる科目では、一問一答式の問題集を使って勉強をしている受験生も多いことでしょう。一問一答で知識を増やしていく方法は、理屈なしで物事を覚えていく「単純暗記」と言え

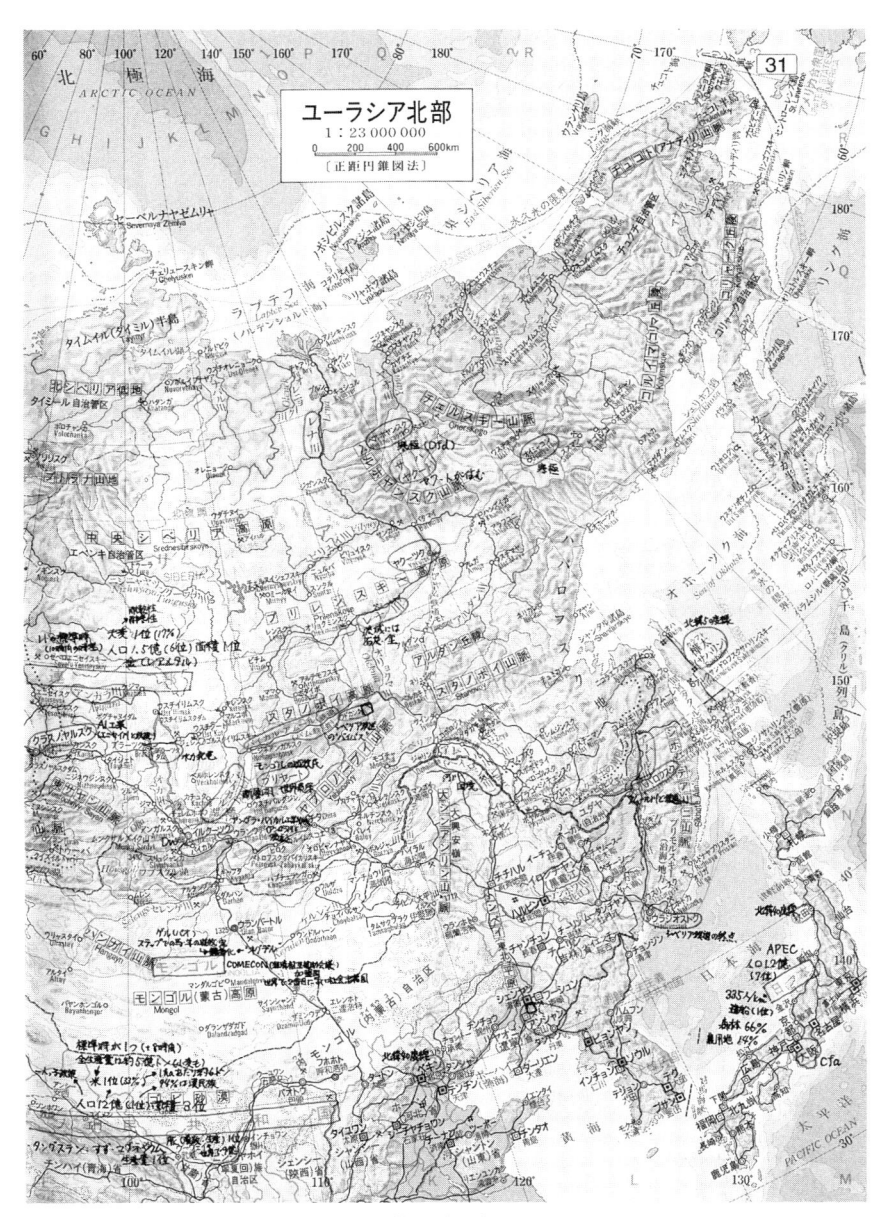

第4章 科目別の勉強法マニュアル　117

重要なポイントを一か所にまとめた私の地図帳

ます。単純暗記をするときには、覚えたいことを何度も繰り返して確認するというのがポイントになります。

例えば、一問一答で一つの問題に２〜３分かけていたら、１時間かけても20問しか解けません。でも、１問を10秒くらいでサッと軽く見直す程度にしたら、同じ20問を１時間で15周以上も確認することができます。さらに、１周を３分半で確認することができるので、通学中や寝る直前など、ふとしたときに確認することも可能となります。

最初は一つ一つの問題に時間がかかるかもしれませんが、初めのうちは「知っていることと知らないことを仕分けるだけ」という程度にパラパラと確認するくらいで構いません。覚えようと意識していなくても、繰り返し目にすれば自然と頭に入っていくものです。

隙間時間を活用して知識を繰り返し確認することが、一問一答式の問題集をうまく使うコツとなります。

❹事実の背景を知って知識をより深めよう

先にもお話しした通り、脳は物事を関連づけて覚えていきます。一問一答で単純暗記をしていくにしても、できる限りそれぞれの知識の関連を意識して勉強してください。

再び地理の例を挙げることになりますが、例えば問題集や模試などで「中国はお米の生産量が世界第１位」ということを知ったとしましょう。このときに「なるほど」で終わるのではなく、「２位や３位は？」というように関連することを調べるようにしてください。

2011年の統計資料によると、「２位インド」、「３位インドネシア」、「４位バングラディシュ」、「５位ベトナム」となっています。すべてアジアの国で、さらに人口の多い国ばかりだということが分かります（上位四つの国は、すべて人口の多い国トップ10に入っていて、ベトナムも13位です）。

ここまで調べることによって、「お米の生産量の多さと、アジア圏で人口が高いことには関連性がある」ということが分かります。事実、アジア

以外では「お米は主食」という概念が薄く、人口の多い国は食べ物を自給するために自然と生産量が高まっているわけです。「中国がお米の生産量１位」という事実より、その裏にある背景を知ることのほうがずっと大切なのです。

世界史や日本史においても、すべての出来事にはその前後のつながりが必ずあるはずです。「○○年に……が起きた」という表面上の知識だけではなく、ぜひその背景も理解することを忘れないでください。そうすれば、一つ一つの知識が数珠つなぎとなって、より記憶に残るはずです。

❺満点を目指さない

社会系の科目は、覚えた知識量が多ければ多いほど点数は上がります。ただし、注意をしなければならないのは、勉強量と点数は比例しないということです。

マーク模試で８割程度までは、勉強をすればするほど点数が伸びていくでしょう。ただし、それ以上は点数が伸びにくくなります。重箱の隅をつつくような難問が解けるようにならないと、９割以上の点数を取ることは難しいです。

趣味としてであれば好きなだけ勉強をしても構いませんが、受験は他の科目とのバランスを考えて勉強しなければなりません。社会ばかりを勉強するということは、他の科目を勉強しないということにもなります。

いかに効率よく高得点を目指すかが、社会を勉強する際のポイントとなります。社会では満点を目指さずに、ある程度高得点が取れるようになったら、他の科目の勉強時間を増やすことも必要です。

他の科目とのバランスを考えて社会を効率よく勉強していくためには、やはり隙間時間を活用することを意識してください。数学など理数系の科目は問題集やノートを広げて問題を解くという勉強が中心になりますが、社会は見るだけでも勉強をすることができます。

科目の全体像をまとめたマインドマップやポイントをまとめたノートを、

通学カバンの中やベッドの側などに置いておきましょう。必要であれば、コピーをしていろいろな所に置いておくと気軽に復習ができますので、隙間時間を使ってこまめにやるようにしてください。他の科目とのバランスを考えて、効果的に社会の勉強を進めていきましょう。

第5章

受験シーズンの勉強法マニュアル

強い受験生は、試験を受けながら成長する
（早稲田大学早稲田キャンパス）

1 受験シーズン直前の勉強法

　前章では、各科目の勉強法についてアドバイスをしてきました。これまで頑張ってもなかなか成果が出なかった人は、ぜひ勉強法を改善するためにも参考にしてください。とはいえ、基礎からコツコツと理解を積み上げていく受験勉強だけでは足らないのも事実です。

　せっかく長い時間をかけて勉強を頑張ったのに、たった数時間の試験で実力を100％出し切れずに涙をのんだ受験生がたくさんいます。**受験を乗り越えるためには、「試験本番で実力を出し切るための準備」**が必要となります。本章では、受験シーズンに特化した勉強法について説明していきます。

　まず初めに、受験シーズン直前期において意識しておきたいことをお話しします。受験シーズンが近くなると、

「やるべきことがたくさんありすぎて、何から手をつけてよいのかが分かりません……」
「過去問が全然解けません。試験まで残り数日しかないので、本当に焦っています……」

というように、焦りや不安を抱えた相談が急激に多くなります。まだ受験まで時間があるとしても、直前になって困らないように、今のうちから直前期に大切なことを知って心の準備をしておきましょう。

❶試験日から逆算をして勉強計画を立てよう

　これまでは、「今日から1か月の間に問題集を1冊終わらせる」というように、現在からの時間を基準にして勉強計画を立てることが多かったかもしれません。単純にその日の勉強量を振り返って、勉強時間が長ければ

「今日は頑張れた」と感じることも多かったでしょう。

しかし、受験が近づいてきたら、残された時間でできることを意識しなければなりません。つまり、「**勉強の量**」よりも「**勉強の効率**」が求められるのです。

試験が近づくにつれて、どうしても勉強したいことは多くなるものです。残された時間を有効に使うためには、試験日から今日までの残り時間を逆算してください。限られた残り時間のなかで、何をどの順番でこなしていけば効果的に点数を上げられるのかを意識して、勉強計画を立てていきましょう。

ここで注意をしなければならないのは、計画をあまり詰め込みすぎないことです。受験間近になると、出願の手続きなどに時間をとられてしまったり、不安やプレッシャーによって疲れがたまりやすくなったりするため、今までのペースでは勉強が進まなくなってしまうのです。計画通りに勉強を進めることができないと、焦る気持ちがさらに強くなってしまって勉強への集中力も低下してしまいかねません。

1日の勉強量は、減るのが当たり前と思っておいたほうがよいでしょう。だからこそ、「勉強の効率」が求められると言えます。それでは、効率よく勉強を進めるためにはどうすればよいのでしょうか。

❷できるだけ早いタイミングで過去問を解こう

受験勉強の目標は、入試レベルの問題を解けるようになることです。そのため、多くの受験生が実際に入試で出題された「過去問」を解けるようになることを、最終的なゴールと考えているわけです。

試験直前の受験生からの相談内容を見ていると、過去問を試験の数日前から解いている受験生がたくさんいました。これは致命的なミスです。それでは、なぜ過去問を試験直前に解いてはいけないのでしょうか。

例えば、体育の授業を思い浮かべてみてください。先生から、次のように言われたとしましょう。

「今日の授業は持久走です。200mトラックを40分間走り続けよう！」

　持久走と聞くと、あまり気分が乗らない人も多いでしょう。40分も走り続けるのは、さすがに長いと感じるかもしれません。それでは、次のように言われたらどのように感じますか。

「今日の授業は持久走です。5キロのコースを頑張って走り切ろう！」

　さて、どちらの言い方のほうが最後まで力を抜くことなく走れそうですか。おそらく、二つ目の言い方のほうでしょう。
「5kmさえ走れば休めるんだ」と思い、頑張って走り切れそうな感じがするはずです。一方、40分間走り続けようとすると、どこかで手を抜く人が出てくるように思います。

　実は、ゆっくりジョギングペースで5kmを走ると、大体40分くらいかかります。つまり、上の二つはほとんど同じことを言っているのに、二つ目の言い方のほうが「頑張ろう」という気持ちになれるのです。なぜでしょうか。

　これは、**目標を設定するときは、単なる「期間」を見据えるよりも「ゴールまでの差」を意識したほうが力を出し切ることができるからです。**「期間」は頑張らなくても、いつかは達成することができてしまいます。でも、「差」は頑張らないと埋まっていくことはなく、頑張ったぶんだけ早く埋まっていくのです。だから、「差」を意識したほうが自然と頑張れるのです。

　ここで、受験勉強に話を戻しましょう。過去問を解くことで、初めて今の自分の実力とゴールとの「差」が分かります。さらに、この「差」を縮めるためには何をする必要があるのかを考えます。このことが効率のよい勉強につながり、さらには差が縮まっていく実感がもて、自然とやる気も出てくるのです。

　過去問を試験の数日前に解く場合、ゴールとの「差」が受験直前になって初めて分かることになります。さらに、過去問を解くまでの期間は、ゴ

ールとの差を意識しない「期間」を消化するだけの勉強になってしまいかねません。これでは、自然と手を抜いてしまうことになってしまいます。

「どうせ過去問を解いても、今から解けるわけないし……」

こう思ってしまう気持ちはよく分かります。でも、まずやるべきことは、「過去問を解くこと」ではなくて「過去問のレベルを知ること」なのです。むしろ、最初から全部解けてしまったら、受験勉強なんてする必要がなくなってしまいます。

また、過去問を解くことは「出題傾向を知る」ことにもつながります。大学によっては、ごく限られた先生によって入試問題が作られているということもあります。それぞれの先生に試験で問いたい大切なポイントがあるため、同じ人が繰り返し入試問題を作ると自然と同じ傾向が出てくるのです。

この傾向をつかむためにも、できるだけ早いタイミングで過去問を解いておきましょう。この出題傾向をもとに、受験で狙われやすいところから勉強を進めていくことで効率を上げることが可能となります。

❸ 中途半端な理解を完璧な理解にしよう

一つの科目のなかでも、きっと得意な分野と苦手な分野があるでしょう。その分野のなかでも、どのような問題でも解答できる理解度100％の内容もあれば、少し理解が曖昧な50％くらいの内容、そしてほとんど理解できていない20％くらいの内容もあるはずです。このなかで、試験本番に役立つのはどれくらいの理解レベルでしょうか。

それは、理解度100％の内容だけです。選択形式の問題を解くときには、理解度50％の知識でも選択肢を絞るという意味では役に立つかもしれませんが、記述形式の問題となると、理解度20％の内容はもちろん、理解度50％でも答えられない場合が出てきます。受験シーズンが近づいたら、理解が中途半端なところを中心に勉強をするようにしましょう。

特に、記述形式の試験では、自分で回答を書かなければいけないので100％の知識が要求されます。試験中に「答えがもう少しで出かかってたんだけどな……」という惜しい問題も、難しくてまったく手のつけられない問題も、記述形式の試験では両方とも０点なのです。つまり、理解度が100％以外の知識は、試験で心強い解答とはなり得ないということです。

　受験シーズン直前は、「理解度50％の知識を100％に上げる勉強」が効果的ということです。理解度20％の内容を100％に上げるには、それなりの勉強時間が必要になるので、短時間で完璧な理解を多く得るためには、中途半端な理解を完璧な理解にすることが大切となります。このためには、新しいことを勉強するよりも、復習中心の勉強をするように心掛けましょう。

　最後にまとめると、受験シーズン直前は試験日から逆算して勉強の効率を上げることが必要となります。そのためには、「過去問でよく狙われている内容」であり、なおかつ「中途半端な理解の内容」を重点的に復習することを心掛けてください。

2　受験シーズンに入ってからの勉強法

　前節では、試験直前に「試験で実力を出し切るための勉強」へと切り替えるために意識してほしいことをお話ししました。続いてここでは、受験シーズンに入ってからの受験勉強において大切なことをまとめます。

　最終的に合格できる強い受験生は、試験を受けながら成長していくものです。受験生にとって一番実力がつきやすいのは、「受験が始まってから」とも言えるでしょう。あなたも、最終的に勝つことができる受験生になるために、次の三つのことを意識してください。

❶ センター試験の範囲外の分野を復習しよう

　多くの大学受験生にとって、最初に受ける試験は1月の「センター試験」となるはずです。きっとそれまでは、センター試験の範囲を集中的に勉強する受験生がほとんどでしょう。

　すると、センター試験の範囲外となっている分野は十分に対策ができずに弱点となってしまいます。センター試験では、各科目とも「広く浅く」問われるのに対して、私大入試や国公立大の2次試験では、科目が限られる代わりに「狭く深く」問われるようになります。

　例えば文系では、センター試験では基本しか問われない古文や漢文の難易度が上がったり、英語の試験では本格的な英作文が出題されたりすることがあります。また、理系であれば、センター試験では数学ⅡBまでの科目しかありませんが、私大や国公立2次試験では数学Ⅲまで問われる場合がほとんどです。

　この「深い」内容こそが私大や国公立2次試験では狙われやすいため、センター試験の範囲外の分野の理解度が最終的な勝敗を分けると言っても過言ではありません。

　特に、現役生にとっては、学校で習ったばかりの内容が受験レベルの問題となって問われることになります。学校の授業でしっかりと理解をしておくことはもちろんですが、受験シーズンに入ってからも集中的に復習をしておいてください。

❷ 一つ一つの試験に区切りをつけよう

　試験を受ければ、実力をしっかり出し切れることもあれば、悔しさが残ってしまうこともあります。いずれにせよ、その試験を受けるために必死に頑張ってきたことは確かです。まずは、一つの試験を乗り越えたときは自分を褒めてあげましょう。

　試験が終わったばかりで次のことを考えるのは難しいかもしれませんが、

試験を受けたら時間を空けずにしてほしいことがあります。それは、受けた試験に「区切りをつける」ということです。
　具体的に言うと、試験で失敗したり疑問に感じたりしたことを確認しておいてほしいのです。一度失敗したことは、克服しておかないと必ず繰り返してしまうものです。ただし、この「失敗」にはいくつかのケースがあるので注意が必要です。
　例えば、「苦手な問題が出題されて解くことができなかった」というように理解不足による失敗に対しては、しっかりと復習をすることで同じ失敗を防ぐことができるでしょう。一方、「緊張して実力を出し切れなかった」というメンタル面の失敗は、簡単に解決することができません。言うまでもなく、時間をかければ必ず克服できるというものではないのです。
　まずは、自分が緊張した事実をしっかりと受け止めましょう。「次の試験は緊張しないように何か工夫をしてみよう」という意識をもつことが、試験で実力を出し切るための第一歩です。なお、試験本番でプレッシャーに打ち勝つための方法を第6章にまとめているので、そちらも参考にしてください。
　人は解決できていないことがあると、脳が無意識のうちに解決をしようと処理を続けます。自分では考えていないつもりでも、知らないうちに疲れていくのです。
　脳の疲れは、不安やプレッシャーとなって現れます。それでなくても、受験シーズンは気持ちが不安定になりやすいときです。気持ちを少しでもよい状態に保てるように、一つ一つの試験に対して失敗や疑問を解決することでしっかりと区切りをつけていくことが大切となります。

❸生活リズムを崩さないようにしよう

　一つの試験が終わって気が抜けてしまうと、生活リズムまで崩れてしまう受験生がたくさんいます。極端な夜型になってしまったり、1日中テレビやケータイの画面を見ながらダラダラしてしまったりする人もいるかも

しれません。

　試験の疲れを取るために休んでいるのかもしれませんが、このような生活をしていたら、休むどころか身体に負担がかかってしまいます。身体や心を休めることは大切ですが、生活リズムだけは崩さないように注意してください。

　第2章でもお話しした通り、心身ともに元気でいるためには「食事」と「睡眠」、「運動」の三つのバランスを取ることが大切です。好きなことをするにしても、しっかり食べて十分な睡眠をとり、身体を動かすように心掛けてください。部屋の掃除をするのも心がスッキリしてよいでしょう。

　ただ、いくら生活リズムを整えていたとしても、この時期は試験の不安やプレッシャーが大きいために体調を崩しやすいときでもあります。そんなときに、

「まだ試験が残ってるんだから、辛くても休んでる場合じゃない！」

と考えないようにしてください。

　この時期に最も大切なことは、試験本番で実力を出し切るように身体と心の状態を調整することです。そのためにも、勉強よりも体調管理を優先してください。

　勉強をしたい気持ちはよく分かりますが、時には勉強を休む勇気も必要なのです。先にお話ししたように、ここで大切なのは心から納得して休みをとるということです。しっかり休んで体調を万全にすることで、また集中して勉強ができるようになります。

3　マーク形式の問題への対策法

　受験シーズン直前と試験が始まってからの二つの時期において、それぞ

れ意識しておいてほしいことの次は、試験の形式別の対策方法です。まず、センター試験をはじめとするマーク形式の問題への対策についてお話しします。

特に、センター試験は出題パターンにクセがあり、試験時間に対して問題数が多いという特徴があります。そのため、解き方を少し変えるだけで点数が跳ね上がる可能性があるのです。

ここから、「マーク形式の試験で高得点を取るための五つの解法テクニック」を紹介します。

❶解答用紙のマーク欄をまとめて塗る

私が指導をしている受験生に話を聞いたところ、「マーク形式の問題を解くときには1問解くごとに解答用紙のマーク欄を塗っている」という人がたくさんいました。

私も模試を受け始めたころは、同じような解き方をしていました。特に数学では、計算をするときにはシャーペンを使い、マークを塗るときには鉛筆を使っていたため、1問解くたびにシャーペンと鉛筆を持ち替えていたわけです。

1回の持ち替え時間は短いとはいえ、何度も積み重なるとかなりの時間になります。また、問題を解くときに使う脳の領域と、マークを塗るときに使う脳の領域は違うということにも注意が必要です。脳の動きをコロコロと切り替えてしまうことにより、問題を解くことに集中できなくなってしまうわけです。

このように、問題を解く作業とマークを塗る作業をこまめに切り替えることはオススメできません。

センター試験やマーク形式の模試は、試験時間に対してかなり多くの問題が出題されるため「時間との勝負」という側面があります。問題を解くことにより集中し、時間を少しでも無駄に使わないためにも、マーク欄はある程度まとめて塗りましょう。

私は、小問を解くときは問題用紙の選択肢に丸をつけるだけにしておいて、大問一つが解き終わったら解答用紙のマーク欄をまとめて塗るようにしていました。これにより、大問が変わるたびに頭がリフレッシュされるため、次の問題に切り替えやすいというメリットも生じます。

❷問題を解く順番と制限時間を決めておく

　第3章でもお話しした通り、問題は1問目から順番に解く必要はありません。私は、問題を解く順番を変えるだけで模試の点数が50点ほど上がった経験があります。

　試験時間が足らなくなる科目ほど、どのように問題を解けば効率よく点数が取れるのかという作戦を練っておかなければなりません。特に英語、数学、国語は、問題数が多い科目のため、解き方を変えるだけで点数を大きく伸ばせる可能性があるということです。

　例えば、長文問題がいくつか出題される英語の場合は、後半の長文問題を逆順に解いていって、グラフや図とともに出題される長文を最後に解くようにしましょう。何と言っても、最後の長文問題は配点が大きくなる傾向があるので重要な問題と言えます。さらに、もし時間がなくなったとしても、図やグラフを読み取る問題であれば、長文そのものを読まずに図やグラフを見るだけで解ける問題もあります。

　数学は、試験時間を大問の数で割った時間を「大問ごとの制限時間」としていました。試験時間60分につき大問が五つあったとすれば、一つの大問の制限時間は12分となります。この時間を過ぎたら、問題を解いている途中でも強制的に次の大問に移るのです。

　一つの問題にこだわりすぎて、後半の問題を何問も落としてしまうというパターンだけは避けなくてはいけません。諦めるには勇気がいりますが、試験は問題全体で高得点を取ることが一番大切なのです。

　そして国語では、比較的早く解き終わる漢文を最初に解くようにしていました。具体的には、

「漢文15分 ⟶ 古文20分 ⟶ 評論文20分 ⟶ 小説20分 ⟶ 見直し５分」

という時間配分でした。最初に時間の余裕を作っておくと気持ちにも余裕ができるため、残りの問題により集中して取り組むことができます。

このように「解き方」を変えるだけで、マーク模試では点数を伸ばせる可能性があるのです。ただし、センター試験本番で急に解き方を変えるのは危険です。第３章でもお話しした通り、模試や過去問を解きながらいろいろな解き方を試すことによって、受験本番までに最も効率よく点数が取れる解き方を見つけておきましょう。

❸ 正答は選択肢のなかに必ずある

唐突な質問ですが、なぜセンター試験はマーク形式だと思いますか。センター試験は採点を短時間で正確に行う必要があるため、機械で自動的に採点できるマーク形式のほうが都合がよいのです。また、選択形式の問題は正答と誤答を明確に分けることができるため、機械が迷わずに採点できるというメリットもあります。

逆に考えると、出題者にとっては「正しい解答を問題用紙に載せなければならない」というデメリットになります。この事実をうまく利用するテクニックがあります。ここでは、そのテクニックを紹介しましょう。

正直にお話ししてしまうと、私は「テクニックで試験問題を解く」ということはあまり好きではありません。**本来ならば、受験は実力で乗り越えるべきだと考えているからです**。ただ、せっかく本書を読んでくれているあなたには、「絶対に志望校に合格してほしい」と強く願っていますので、「正しい解き方ではない」という認識をもったうえで、ここから先を読み進めてくだされば幸いです。

それでは、テクニックを分かりやすく説明するために、あえて簡単な問題例を使って説明していきます。

【問題】　面積が1,963cm²である円の半径は何cmですか？
① 5cm　② 10cm　③ 15cm　④ 20cm
⑤ 25cm　⑥ 30cm　⑦ 35cm　⑧ 40cm

　教科書に載っているような模範的な解き方を紹介すると、まず半径をx〔cm〕と置いて、次のような2次方程式を解きます。

$$x \times x \times 3.14 = 1963$$
$$x^2 = 625.159\ldots$$

よって　$x = \sqrt{625.159\ldots} \fallingdotseq 25$　となり、⑤の25cmが正解となります。

　ただ、選択問題では「正答は選択肢のなかに必ずある」ため、この問題は次のような解き方も可能となります。
　例えば、答えが④だと仮定して面積を求めてみると、20 × 20 × 3.14 = 1,256（cm²）となるため、④は正解ではないことが分かります。計算結果は、問題文で与えられている1963（cm²）より小さい値となりました。よって、正解は⑤～⑧のいずれかだということが分かります。
　続いて、計算をしやすい⑥の場合を考えてみましょう。
　30 × 30 × 3.14 = 2826（cm²）となるため、今度は問題文の数値よりも大きくなります。でも、この計算で答えが分かりました。そう、正解は④と⑥の間にある⑤となります。念のため確認をしてみると、確かに25 × 25 × 3.14 ≒ 1963（cm²）となり、正解であることが分かります。
　選択形式の問題の場合、このような解き方もできてしまうのです。2次方程式を解く必要がある問題を、小学生でもできる小数の乗算をするだけで解くことができてしまいました。
　決して正しい解法とは言えませんが、正答が選択肢のなかにあるからできる解き方と言えます。

❹ マークの場所によって入る数字は限られる

先ほどは、正答が選択肢のなかにあるという前提で使えるテクニックを紹介しました。ただし、センター試験の数学では、次のような形式で出題される場合が多いです。

【問題】 面積が1,963cm²である円の半径は アイ cm である。

【正答】 ア：2　　イ：5

この形式の場合は、半径を x ［cm］と置いて、$x \times x \times 3.14 = 1963$ という2次方程式を解く必要があります。先ほどのテクニックが使えなくなってしまうわけですが、問題によっては別のテクニックが使える場合があります。

例えば、ルートの中に入る数値には限りがあります。$\sqrt{ア}$ という形であれば、アに入るのは 2, 3, 5, 6, 7 しかあり得ません。これ以外の数値が入った場合、以下のようにシンプルな形に書き換えられるからです。

$$\sqrt{1} \rightarrow 1, \quad \sqrt{4} \rightarrow 2, \quad \sqrt{8} \rightarrow 2\sqrt{2}, \quad \sqrt{9} \rightarrow 3$$

問題を解けずに勘で答えを埋めるようなときには、答えとしてあり得ない数字は除くようにしてください。

また、流れのある小問を解いていくときには、前後の問題との関連性が分かれば選択肢を絞り込めることがあります。次のようなシンプルな物理の問題を使って考えてみましょう。

第5章　受験シーズンの勉強法マニュアル

【問題(1)】質量が m で、高さが h の物体の位置エネルギーはどれか。ただし、重力加速度は g とする。

① $\dfrac{mgh}{2}$　② mgh　③ $\dfrac{\sqrt{3}mgh}{2}$　④ $\sqrt{3}mgh$

物理を勉強している人は、「② mgh」だと分かるでしょう（物理を選択しない受験生は「そうなんだ」と思う程度で構いません）。続いて、次の問題が出たとしましょう。

【問題(2)】(1)の物体の高さを2倍にした場合の位置エネルギーはどのようになるか。

① $\dfrac{mgh}{2}$　② mgh　③ $2mgh$　④ $4mgh$

位置エネルギーは物体の高さに比例するので、正解は「③ $2mgh$」になります。さて、大切な話はここからです。

この例で伝えたかったことは、もちろん「位置エネルギーとは何か」ではありません。(1)と(2)の問題をそれぞれ解くことができなくても、もし「(2)の答えは(1)の2倍になるはずだ」という問題の関連性に気付くことができたら、それだけで、選択肢をある程度絞り込むことが可能だということです。

それぞれの選択肢は、下のような関係になっていました。

(1)　① $\dfrac{mgh}{2}$　② mgh　③ $\dfrac{\sqrt{3}mgh}{2}$　④ $\sqrt{3}mgh$

↓ ×2

(2)　① $\dfrac{mgh}{2}$　② mgh　③ $2mgh$　④ $4mgh$

この「×2」のルールに従う選択肢の組み合わせを探すのです。(1)の① $\frac{mgh}{2}$ を2倍すると、mgh となって(2)の②と一致します。つまり、「(1)で①が正解なら、(2)の正解は②」ということになります。また、(1)の② mgh の2倍は $2mgh$ なので、「(1)で②が正解なら、(2)の正解は③」ということになります。

　一方、(1)の③ $\frac{\sqrt{3}mgh}{2}$ を2倍すると $\sqrt{3}mgh$ となり、(2)の選択肢には入っていない値が出てきます。これは、(1)では③が正解ではないということです。

　同じように、(1)の④ $\sqrt{3}mgh$ を2倍しても、(2)の選択肢に入っている値は出てきません。つまり、この2問の答えは、(1)①と(2)②の組み合わせか、(1)②と(2)③の組み合わせのどちらかだということが分かります。これで、選択肢を絞り込むことができました。

　ここからどのようにして答えを埋めていくかは、あなたの作戦次第です。「片方を確実に正解しておきたい」ということであれば、(1)①と(2)③のように答えておけば必ず片方は正解できます。「両方正解か、または両方外してしまうかの、どちらかがよい」という場合は、(1)①と(2)②、または(1)②と(2)③の組み合わせを選ぶとよいでしょう。

　ここでは、テクニックそのものを理解しやすいようにあえて簡単な問題を使って説明しましたが、センター試験や模試の問題でもこれらのテクニックを使える問題が出ることがあります。

　ただし、大切なことなので繰り返しますが、受験はテクニックではなく実力を身につけることのほうが重要だということだけは肝に銘じておいてください。たとえテクニックを駆使して難易度の高い大学に入れたとしても、入学後に苦労することになってしまいますから、くれぐれも、これらのテクニックは「切り札」として使う意識をもっておいてください。

❺ 問題を解いていない時間も試験の一部と考える

　試験の点数を上げるためには「試験時間をどのように過ごすか」ばかりを考えることが多いものですが、試験時間に実力を出し切るためには「試験以外の時間をどのように過ごすか」も大切となります。

　試験以外の時間とは、通常の模試であれば「科目間の休憩時間」や「昼食時間」であり、センター試験のように2日間続く試験であれば、「初日の試験が終わってから2日目の試験が始まるまでの時間」のことを指します。この時間をどのように過ごすかによって、試験の結果も大きく変わるのです。

　まず、科目間の休憩時間は、試験に集中してガチガチに固まった身体と心の疲れを取ることが最優先となります。ところが、私がセンター試験を受けた試験会場では、「休憩時間は教室の外で待っていてください」と言われてしまい、寒いなか、外で過ごすことになりました。そのまま部屋の入り口の側でずっと立ち続けている受験生もいたのですが、これではグッタリしてしまうだけです。

　休憩時間の居場所は大切です。もし、私と同じように建物の中におられないような場合は、ベンチやカフェのように気分転換のできる場所を探しておきましょう。私は教室から少し離れた所にベンチを見つけていましたので、そこで勉強をしたり、音楽を聴いたりしていました。

　お昼休憩のときには、ほどよく食べることを意識しましょう。満腹になるほど食べてしまうと消化するためにエネルギーを使ってしまうので、胃が疲れて、午後の集中力が低下すると同時に眠くなります。昼食は、消化しやすいものをほどよく食べることを意識してください。

　最後に、試験が複数日にわたる場合の注意点です。

　試験が終わって家に帰ると、ついその日の試験の答え合わせをしたくなるものですが、これは我慢をしましょう。残念ながら、試験というものはラッキーが続いて点数が予想以上に高くなるケースよりも、アンラッキー

試験の休憩時間は、身体の心の疲れを取ることが最優先！
（東大本郷キャンパス）

で点数をとりこぼすケースのほうが多いのです。

その日の結果に気持ちを左右されるくらいなら、翌日の準備に集中するべきです。特にセンター試験では、2日目の朝刊に初日の問題の解答が掲載されます。新聞を見たくなる気持ちはよく分かりますが、自己採点はすべての科目が終わってからにしましょう。

4 論述形式の問題を解くときに意識するべきこと

ここまでマーク形式の試験への対策方法をお話ししてきましたが、記述形式の試験を受ける受験生も多いことでしょう。単純に用語を問われるような問題であれば、普段から問題集を使ってアウトプットの勉強をしていれば対応することができるはずです。

しかし、記述形式の問題のなかには、文章で答えなければならない論述問題が含まれていることもあります。このような問題を解くには、短時間で説得力のある文章を作る力が必要となります。

ところが、文章を書くのが苦手であったり、書くのに時間がかかってしまったりするという人も多いのではないでしょうか。ここでは、実際に試験問題の採点をした経験がある先生から聞いた話を参考にしながら、論述形式の問題や小論文の試験で高得点を取るために意識しておきたいことをまとめます。

まず、文章を書くにあたって最低限クリアしておいてほしいことを三つお話しします。

❶設問の内容を正確に把握しよう

当たり前のことのように感じるかもしれませんが、質問の意図とはずれた解答をしてしまう受験生が意外に多いのです。普段友達と話をしていると、いつの間にか脱線して「あれ、最初は何を話してたんだっけ？」となるときがあるでしょう。

これと同じように、解答を書き始めたときには設問の内容を覚えているのに、文章を書いているうちに内容が脱線してしまうことがあるのです。特に、解答の文章が長くなるときには、話の流れが設問の内容と離れないように注意をしましょう。

❷論理的な文章を作ろう

論述問題や小論文の「論」は、論理の「論」です。求められる解答は、論理的に道筋を立てて書かれた文章と言えるでしょう。自分の考えを論理的につなげていき、前後に脈絡のない文章は作らないようにしてください。どのようにすれば論理的な文章が作れるのかについては、次節で改めて説明します。

❸自分の考えを述べよう

　特に推薦入試やIO入試では、提出課題のなかに記述問題が含まれることがあります。インターネットで検索すれば調べたい情報を数秒で見つけられる今の時代ですから、インターネットをうまく活用して文章を作る人もいるでしょう。

　確かに、インターネットにはたくさんの情報があふれています。でも、たくさんの情報に触れてしまうと、あたかもインターネット上の意見や考えがすべて正しいかのような錯覚に陥り、自分の考えがなくなってしまうことがあるので注意してください。

　推薦入試やIO入試で提出される解答文のなかには、インターネットの情報をまとめただけの解答が見受けられるそうです。多くの文章を読んでいる採点者にとって、その文章が自分の意見や考えを書いているものなのか、ほかの人の文章を真似したものなのかを見分けることなんて簡単にできてしまいます。それに、ほかの人の意見を述べようとすると、その根拠が浅いものになってしまうという欠点も生じます。

　論述問題では、必ずしも「立派な結論」が求められているわけではありません。結論の良し悪しを測るものではなく、その結論を導くまでの文章に説得力があるかどうかが試されているのです。つまり、インターネット上の「べき論」を述べるよりも、自分自身の考えや意見をまとめるほうがよい解答と言えます。

　ここまでが、文章を書くときに最低限クリアしておいてほしい三つの条件です。ここからは、読み手にさらに好印象を与えられるような解答を作るために意識してほしいことをまとめます。

❹具体的な行動や体験を織り交ぜよう

　例えば、地球環境をテーマに文章を書く場合を考えてみましょう。

> フロンガスなどの人工化学物質がオゾン層を破壊しています。増加する紫外線による白内障の増加や植物の成長阻害など、人体や生物に悪い影響が出ることを危惧しています。

このような難しい言葉を並べて、ありきたりなことを述べるよりも、

> 私は、価格が少し高くても必ずリサイクル製品を買うように心掛けています。小さな行動の積み重ねが、最終的に大きな変化をもたらすと信じているためです。

と、具体的な行動を書いたほうが、読み手に「実際に環境保全に努めているんだな」という印象を与えることができます。結論を述べるときにはその根拠が必要となりますが、このように「具体的な行動や体験」が根拠として含まれていると説得力が増します。

❺ 人や本との出会いを活かそう

人や本との出会いが、あなたの価値観に影響を与えることもあるでしょう。時には、あなたとは反対の意見をもっている人もいるかもしれません。反対の意見を耳にしたときには、「私は絶対にそう思わない」と突き放してしまうのではなく、「この人はどうしてそう思うんだろう……」と考えられるようになると、あなた自身の考えや価値観が広がっていくはずです。

このあたりは一朝一夕では身につかないので、普段の生活から意識するようにしておきましょう。考えや価値観を広げることによって、あなたが書く文章にも深みが出るようになります。

❻ 世の中の流れに乗ろう

IT系のセミナー講師をしていたころの私は、様々な会社の新人研修を担当してきました。当然、人事担当者と話をする機会も多くなり、それぞ

れの会社が学生に求めているものは様々であるということがよく分かりました。

会社ごとに細かい差はあるものの、どの会社も共通して学生に求めている力があります。この「学生に求められている力」は毎年変わっていきますが、大きな流れは確実にあります。そして、会社で求められる力を意識できている学生は、大学でも必要とされるということです。具体的には第7章でお話ししますが（195ページ）、ここでは世の中の流れをつかむことが大切であるということを頭に入れておいてください。

学生の間に、社会に出てからのことを考えるのは難しいかもしれません。でも、「世の中の流れを感じ取ろう」という意識があるだけでも、あなた自身の考えは深みのあるものになっていきます。普段から新聞やニュースを見て、世の中の動向をつかむように意識してみてください。

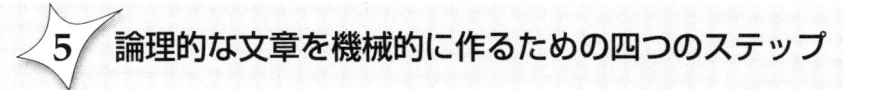

5 論理的な文章を機械的に作るための四つのステップ

前節では、試験問題の採点経験がある先生の話を参考にして、論述形式の問題で高得点を取るために意識してほしいことをお話ししました。最低限できていなければならないのは、設問の内容を正確に把握して、論理的な文章で自分自身の意見を述べるということでした。

このなかで一番難しいのは、「論理的な文章で述べる」ことでしょう。これは、意識して訓練しないとなかなかマスターできません。

論理的に物事を捉えるための考え方として、「ロジカルシンキング」という思考法があります。ビジネスでよく使われる思考法のため社会人にとっては常識となっていますが、学生のうちから知っている人は少ないでしょう。そのため、早くからこの考え方を身につけておくことによって、論述問題でより高得点を狙うことができます。

ロジカルシンキングでは、様々な手法やツールを使って物事を論理的に考えます。まず、ロジカルな思考や文章とは次の三つの条件を満たすものを言います。

❶「結論」が一義的である。
❷結論を支える「根拠」が明確である。
❸結論と根拠が納得できる「筋道」でつながっている。

まず、結論は一義的なものにしてください。「一義的」とは、読み手にとって解釈が変わらない明確なものであることを言います。そして、その結論を導くための疑いようのない根拠と、結論への道筋を用意する必要があります。このように、論理的な文章を作るためには、「結論」と「根拠」、そしてこれらをつなぐ「筋道」の三つが必要となります。

それでは、これらの条件を満たす文章を作るためにはどのようにすればよいのでしょうか。ここから、具体的な例を使って論理的な文章を機械的に作るための手順を説明していきます。

【ステップ1】主張を決める

まず、これから書く文章において主張したいことを決めてください。この主張したいことが、文章における「結論」となります。ここでは、例として「受験勉強は早く始めるべきだ」という主張を述べるための文章を作ることにしましょう。

【ステップ2】ピラミッドストラクチャを書く

主張を決めてからいきなり文章を書き始めてしまうと、文章を書いている途中で方向性がずれてしまうことがあります。もし、大幅に書き直す必要が出てしまったら、時間を大きくロスしてしまうでしょう。

そうならないためには、文章の全体構造を先に考えることが大切となり

ます。これにより、文章全体の論理が一本の道筋でつながり、説得力のある文章を作ることができるようになります。

文章の全体構造を考えるときに役立つのが、ロジカルシンキングのツールの一つである「ピラミッドストラクチャ」という図です。ピラミッドストラクチャの基本構造は、次の図の通りです。

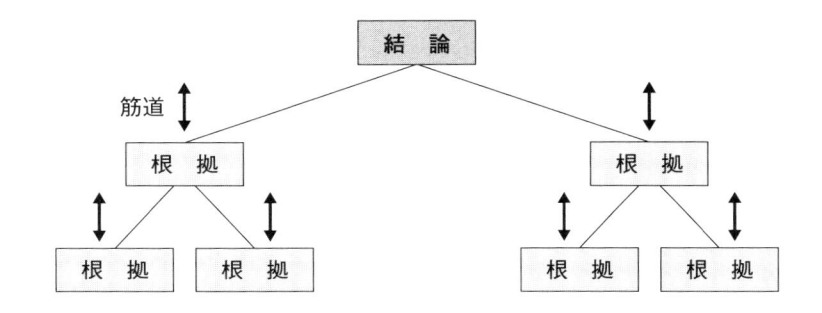

```
                    結　論
          筋道 ↑↓           ↑↓
          根　拠              根　拠
        ↑↓    ↑↓           ↑↓    ↑↓
     根　拠  根　拠       根　拠  根　拠
```

ピラミッドストラクチャでは、結論を頂点として、上の階層から下の階層は「なぜそうなるのか？」という関係で、下の階層から上の階層は「それでどうなるのか？」という関係で筋道をつなげていきます。例えば、「受験勉強は早く始めるべきだ」という主張を行う場合、文章を書く前に下のような構成図を作ることができます。

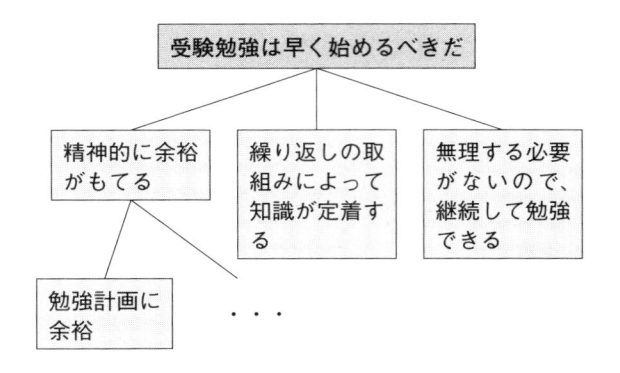

```
              受験勉強は早く始めるべきだ
         ┌──────────┼──────────┐
    精神的に余裕    繰り返しの取     無理する必要
    がもてる        組みによって    がないので、
                    知識が定着す    継続して勉強
                    る              できる
         │
    勉強計画に         ...
    余裕
```

一番上に文章で主張したいことを書いて、その下に「なぜ、受験勉強を早く始めるべきなのか？」という根拠を挙げていきます。ここで、読み手を説得できるような根拠を考えることが、論述問題においては最も大切なところであり、かつ最も難しいところとも言えます。

それでは、説得力のある根拠を考えるためにはどのようにすればよいのでしょうか。

【ステップ3】読み手を説得できる根拠を洗い出す

説得力のある文章を作るためには、結論と根拠が読み手にとって納得できる筋道でつながっている必要があります。読み手を納得させられるような根拠を洗い出すためには、MECE（ミーシーまたはミッシー）という考え方を使うと効果的です。

MECEとは、「Mutually Exclusive Collectively Exhaustive」の略称です。簡単に言うと、「モレなく、ダブりなく」という意味であり、論理的な考え方をするうえでとても重要な概念と言えます。

MECEの観点で根拠を洗い出すことによってモレなくダブりなく考えることができるようになり、文章により説得力を増すことができるのです。

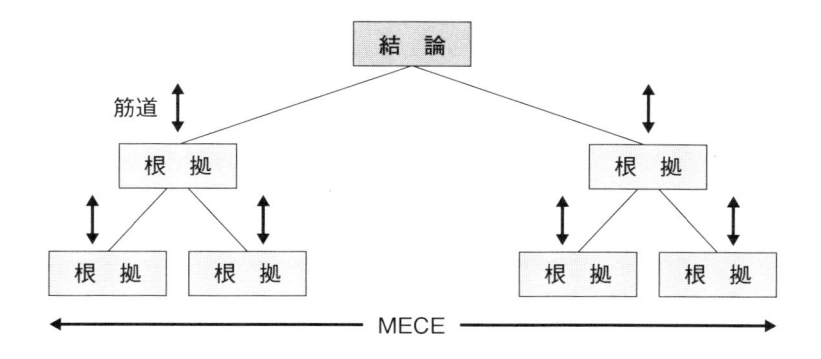

よく使われる MECE の切り口として、下のようなものがあります。

- メリット、デメリット
- 過去、現在、未来
- 心、技、体
- 質、量
- 自分、他人
- 個、全体
- 入ってくるもの、出ていくもの

参考として、ビジネスでよく使われる MECE もまとめておきましょう。
- ３Ｃ──顧客（Customer）、自社（Company）、競合（Competitor）
- ４Ｐ──製品（Product）、価格（Price）、流通（Place）、宣伝（Promotion）
- ヒト、モノ、カネ、情報
- 人、組織、仕組み

　先ほどの「受験勉強は早く始めるべきだ」という主張に対しては、心・技（テーマが勉強なので知識と考えています）・体の切り口で根拠を挙げています。つまり、「心・技・体それぞれの観点から、どのような根拠が挙げられるだろう？」と考えたわけです。自分にとって得意な MECE を一つもっておくと、文章の構成を素早く決められるようになります。
　1,000字程度までの長さの文章であれば、ここで次のステップに進んで文章を書き始めて構いません。ただ、より字数が多くなり、結論に対する「反対意見」などを加えて文章を膨らませたい場合には、第４章で紹介したマインドマップを書くのもよいでしょう。小論文を書くためのメモであれば、次ページのようなシンプルな図で構いません。

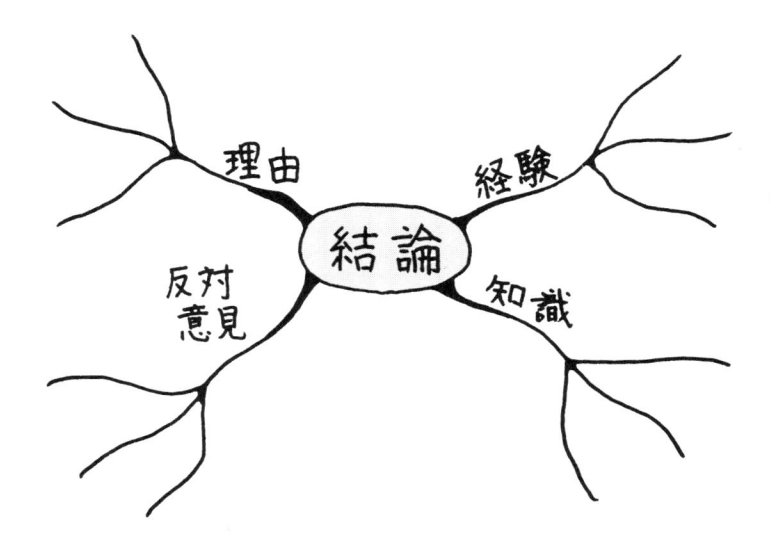

上の例では、中央に「文章の結論」を書いて、その主張を納得させるための「理由」、「経験」、「知識」、「反対意見」をキーワードとして考えていきます。思いつく枝の先を次々と伸ばしていきながら、根拠となる事柄を思いつくだけ挙げていきましょう。そして、たくさん挙げた根拠の候補のなかから文章に使うものを選べば、洗練された根拠を洗い出すことができます。

【ステップ4】ピラミッドストラクチャを文章にする

MECEやマインドマップを使って根拠を洗い出したら、最後のステップに入ります。

ここまでのステップを踏むことによって、これから書く文章の構成図となるピラミッドストラクチャが完成していることでしょう。文章の構成図が完成してしまえば、下のように適切な接続詞を使って各項目をつなげていくだけです。

> 　受験勉強は早く始めるべきです。なぜかというと、次の3点の理由があります。
> 　まず一つ目の理由は、精神的に余裕がもてることです。受験勉強を早く始めることにより、余裕をもって勉強計画を作ることができます。また、……
>
> 　　　　　　　　　　　　⋮

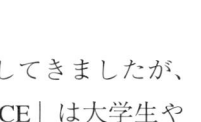

　以上、論理的な文章を機械的に作るための手順を説明してきましたが、手順のなかにあった「ピラミッドストラクチャ」や「MECE」は大学生や社会人になってからも使えるテクニックです。ぜひ、今のうちから身につけて論述問題で高得点を目指しましょう！

6　面接で自分の考えをうまく伝えるテクニック

　本章の最後に、面接対策についてお話しします。近年、受験のスタイルが多様化し、推薦入試やAO入試などで面接試験があるケースが増えてきました。受験の面接官は、受験生が本気で大学に入りたいと思っているのかを確認しているのです。
　特に受験シーズンに入ると、合格したいという焦りから勢いや思いつきで志望校を決めてしまったり、深く考えることもなく受験校を決めてしまうというケースがあります。受験シーズンは少しでも時間があれば勉強をしたいと思いますが、実際に大学に入ってから後悔をしないためにも、「どうしてその大学を受けるのか」を再確認しておきましょう。

面接試験を受けるときには、事前に想定問答を練習しておく必要があります。また、面接ではあなたが考えた答えをあなたの言葉で面接官に伝えなくてはいけません。いくら素晴らしい答えを考えたとしても、伝え方によっては相手にうまく届かないこともあります。

　ここからは、プロのIT系セミナー講師として多くの人の前で話をしてきた私の経験をふまえて、あなた自身の考えや想いを他人にうまく伝えるテクニックをお伝えします。

❶話す内容を整理しよう

　話の内容や文章に説得力をもたせるためには、論理的に説明をしなければなりません。その準備をするために便利なのが、先ほど紹介した「ピラミッドストラクチャ」と「MECE」です。事前に話す内容を考えるときにピラミッドストラクチャを一度書くことによって、全体に統一感をもたせることができます。

❷話し方を工夫してみよう

　話し方を少し変えるだけで、聞き手にとっての印象が大きく変わります。相手に何かを伝えるときには、まずしっかりした声で話すことを心掛けましょう。ボソボソと小さな声で話すよりも、ハキハキと大きな声で話すほうが想いは伝わるものです。

　お腹の下あたりに力を入れながら声を出すと、強みのある声になるでしょう。ただし、声が大きいだけでは聞き手が疲れてしまいます。そこで、笑顔を作りながら声を出すように意識をしてみてください。声に微笑みをもたせるだけで、聞きやすいソフトな声に変わります。

　さらに、スピードを変えながら話すことも効果があります。同じテンポで話を続ける先生の授業は、どうしても眠くなってしまうものです。所々でテンポを変えながら話すことで、聞き手をこちらの話に引き込むことができます。それほど大切ではないところは早口で話して、大切なところは

ゆっくり話してみてください。これだけで、聞いている人の印象がかなり変わります。

　スピードを変えながら話す余裕ができたら、今度は「間」を取りながら話すことを意識してみてください。

　人前で話すときには、どうしても「話すこと」だけに意識が行きがちです。でも、「話さないこと」も同じくらいに重要なのです。ずっと話し続けるのではなくて、話す途中に「間」を作ってみてください。大切なところで急に話を止め、「シーン」という瞬間を作るイメージです。例えば、

「高校生活では様々な経験をしてきましたが、一番私を成長させてくれた経験は、………（１、２秒くらいの間を作ってから）○○です！」

と、一番注目してほしい部分の直前に間を作るのです。

　この「シーン」という沈黙の時間を怖がる人もいますが、あえて間を作ることで、聞いている人が「続きは何だろう？」という表情になるのがよく分かります。それくらい注意を引きつけておいてから話をすれば、聞き手に強い印象を与えることができるのです。簡単にできて効果があるテクニックなので、ぜひ使ってみてください。

❸ 人の目を使おう

　あなたがもっているあなた自身のイメージと、他人から見たあなたのイメージは違うことが多いものです。
「ほかの人と面接の練習なんて、恥ずかしくてできない」と、自分一人の練習だけで済ましてしまう人も多いかもしれませんが、面接では「他人から見たあなたのイメージ」をよくしなければならないのです。

　他人から見たあなたのイメージは、どうしても自分では分かりません。ぜひ、周りの目を使って練習をしましょう。家族や友達、学校の先生でも構いません。身近にいる人に協力をしてもらって、他人から見たあなた自身のイメージを確認しておいてください。

第6章

試験本番の「プレッシャー」に打ち勝つ思考術

合格できる人はプレッシャーを感じていないのではなく、プレッシャーと向き合って乗り越えている　　　（慶應義塾大学三田キャンパス）

1 東大生でも受験のプレッシャーを感じている

「やる気が出ない」、「集中力が続かない」という悩みを抱えている受験生は多いものですが、受験シーズンに入るとこれらの悩みは解決される場合がほとんどです。

小学生だったころを思い出してみてください。夏休みに入ったばかりのときにはやる気が出なかった宿題を、提出日間近になって、もの凄い勢いで仕上げたという人もいるでしょう。受験においてもまったく同じです。試験日が間近に迫ることによって、勉強へのやる気と集中力は自然に高まるのです。

しかし、受験シーズンになると、別の悩みを抱えることになります。それは、試験へのプレッシャーです。悩みをもつ受験生のほとんどは

「どうして、自分はこんなに不安になっちゃうんだろう……」

と、自分だけがプレッシャーを抱えているかのように思い込んでしまいます。ほかの受験生に気持ちで負けているような気がして、自信もなくなってしまうわけです。

自信を失うと、試験で実力を出し切ることもできません。このような悪循環に陥ってしまう前に、これからお話しすることを知っておいてください。

2011年12月、ライオン株式会社が「受験とプレッシャーに関する東大生意識調査」を実施しました。この調査では、東京大学の学生200名に次のような質問をしました。

「受験のときに、プレッシャーを感じましたか？」

さて、東大に合格した受験生のうち、どのくらいの人がプレッシャーを感じていたと思いますか。

　この調査において、「まったくプレッシャーを感じなかった」と答えたのはわずか2人しかいませんでした。つまり、東大に合格できるような人でも、99％の人は受験のプレッシャーを感じていたというわけです。**合格できる人はプレッシャーを感じていないのではなく、プレッシャーと向き合って乗り越えていたのです。**

　プレッシャーとは、言うまでもなく「重圧」のことです。精神的な圧力が強くなると、心は不安定になります。心が弱くなったときには「不安」や「焦り」を感じる一方、気負いすぎてしまうと「緊張」してしまって実力を出し切ることができません。プレッシャーに打ち勝つためには、気持ちを強くもって安定させる必要があります。

　受験のように将来どうなるかが分からない場合は、誰しもプレッシャーを感じます。受験はギリギリの勝負です。最後は、気持ちの強い受験生が勝ちます。試験本番で実力を出し切るために、本章ではプレッシャーとの闘いに打ち勝つための方法をお話しします。

2　受験校を決めるときに注意するべきこと

　心身ともにベストの状態で第一志望校の試験を受けるためには、そのための戦略が必要です。「数を打てば当たる」とむやみやたらに出願していると、むしろ合格から遠ざかってしまうこともあるわけです。

　複数の大学を受験するときには、受ける大学の数や順番などの作戦を立ててください。ここでは、受験校を決めるときに意識するべきことをまとめていきます。

❶ 本当に行きたい大学・学部を選ぼう

　言うまでもなく、あなたが入りたいと思える大学と学部であることが受験校としての最低条件になります。当たり前のことのように感じるかもしれませんが、試験間近になると多くの受験生がこのことを忘れてしまうのです。

　周りの友達が成績を上げたり合格をしたりすると、誰もが焦ります。そうすると、目標が「行きたい大学に合格すること」から、単に「合格すること」に変わってしまいます。「合格」という結果を欲しいがために、それほど入りたくない大学でも受けてしまうのです。

　受験校を決めるときには、心から行きたい大学や勉強したい学部を優先しましょう。

❷ 勢いに乗れる受験スケジュールを立てよう

　チャレンジ校から滑り止め校まで、いくつかの大学を受ける受験生も多いでしょう。併願校を決めるときには、必ず第一志望校を中心に考えてください。入学後に学べる内容が近いことはもちろんのこと、入試科目が共通していることや出題傾向や解答形式が似ている大学が探せればより良いです。

　解答形式とは、マーク形式なのかそれとも記述形式なのか、さらに記述形式の場合はキーワードを問うシンプルな問題なのか論述問題なのかということです。試験の形式が似ていれば、対策も練りやすくなります。

　なお、難易度については分散して選んでおくといいでしょう。可能であれば、第一志望校を受ける前に難易度の低い大学を受けておくことをオススメします。試験慣れをしておくことによって、第一志望校の試験のときに実力が出しやすくなります。また、受験シーズンの早い時期に「合格」を経験することで精神的な余裕が生まれて、波にうまく乗ることもできます。

受験は始まってしまえば、終わるまであっという間です。いわば「短期決戦」と言えるでしょう。スポーツと同じように、短期決戦では「波に乗る」ということが大切です。試験で難しい問題が出たときに、「考えれば分かるかも」と思えるか、それとも「やっぱり今回もダメか……」と思ってしまうのか。この差が、合否を分ける決め手となるのです。

精神的に余裕がある状態で試験を受けられる受験生は、やはり有利と言えます。受験のスケジュールを立てるときには、うまく勢いに乗れるように戦略を練ってください。

❸ 周りの影響を受けない

「このクラスで10校も受験する人がいるらしいよ」

受験が近づくにつれて、このような噂が聞こえてくるはずです。周りの様子を聞くと、

「自分も受験校を増やしたほうがいいのかな……」

というように、自分と周りを比較して不安に感じることもあるかもしれません。

でも大切なことは、あなた自身が志望校に合格することです。周りの受験生がたくさん受験しているからといって、あなたまでたくさん受ける必要はないのです。

たくさん受験をしたところで、それぞれの対策を十分にするだけの時間はとれません。また、受験は想像している以上にエネルギーを消耗します。試験前の荷物準備から始まり、当日は試験会場への移動、試験会場に着いてからも独特の雰囲気に心が疲れてしまうものです。

受験校を選ぶときには、「必要ないものを削る」ことも大切となります。受験日程に余裕をもつことで、プレッシャーも軽減されるのです。

私が現役生のときには、第一志望である東京工業大学の対策に集中する

ために、私大は1校も受験しませんでした。浪人していたときでさえ、受けた私大は1校のみです。その一方、私の友人には、

「親父が定年だから、今年合格できなかったら就職なんだよな」

と、現役生で10校も受験している人がいました。受験校の数は、それぞれの事情で違うことが当たり前です。決して周りの状況に影響されることなく、自分が決めた道を胸を張って進んでください。

3 夢の可能性を広げる奨学金制度

　経済的な理由で夢を諦めようとしている受験生も、なかにはいるかもしれません。ここでは、そのような学生に対して金銭面のサポートを行う「奨学金制度」についてお話しします。

　国や地方自治体、民間団体に加えて、各大学が独自の奨学金制度を設けています。奨学金は、返済が免除される「給付型」と、定められた期間後に返済する「貸与型」という二つのパターンに分類されます。また「貸与型」には、利子がつくものとつかないものがあります。

　それぞれの制度には利用条件があり、申請が認められれば金銭面のサポートを受けることができます。奨学金の目的は、経済的な理由で修学が困難な学生をサポートすることですが、海外留学のための奨学金や災害遺児のための奨学金などもあります。

　様々なサポートがあるので、どうか経済的な理由で進学を諦めたり不安を感じたりしないでください。多くの人が奨学金を受けて学んでいるのです。その種類や仕組みを知ることで、道は開けるのです。

　ここから代表的な奨学金制度を紹介していきますので、自分にあうものを見つけて大いに活用しましょう。

❶ 独立行政法人日本学生支援機構（旧・日本育英会）

日本学生支援機構の奨学金は利用者が多い貸与型の奨学金制度で、無利子の「第一種奨学金」と有利子の「第二種奨学金」があります。第一種奨学金のほうが、学力基準や保護者の所得上限額などといった利用条件が厳しいものになっています。

名称	貸与月額	対象	条件
第一種奨学金	30,000円または通学形態[※1]によって定められた額（45,000円〜64,000円）のいずれかを選択	大学生 大学院生 短期大学生 高等専門学校生 専修学校生	経済的理由により就学が困難であり、かつ学業優秀と認められる者
第二種奨学金	30,000円、50,000円、80,000円、100,000円、120,000円のいずれかを選択[※2]		

※1　通学形態は国公立大学または私立大学、自宅通学または自宅外通学によって決まる。
※2　120,000円を選択した場合に限り、通学形態と学部によって増額が可能な場合がある。

❷ 地方自治体

都道府県や市町村単位で奨学金制度を設けている所があります。制度内容には差があり、学力基準などの条件は、日本学生支援機構のものより緩やかなものが多いです。

❸ 企業・民間団体

企業や民間団体が実施している奨学金制度もあります。企業による奨学金の一つが、新聞社による新聞奨学生制度です。学生は就学期間中に新聞配達に従事することで、奨学金の支給を受けることができます。主に、都市部の新聞社が実施しています。

また、国内外の遺児を支援している民間団体に「あしなが育英会」があ

ります。あしなが育英会は非営利の組織であり、寄付金を集めることで運営されています。

❹各大学

多くの大学が独自の奨学金制度を設けています。入学料や授業料の免除制度、徴収猶予制度を設けている大学が多くあります。進学を希望している大学にどのような制度があるのかを確認しておくとよいでしょう。

参考までに、いくつかの大学の奨学金制度を簡単にまとめておきます。（独立行政法人日本学生支援機構「学内奨学金・授業料等減免制度・徴収猶予制度について」参照）なお、以下の情報は2012年12月現在のものです。最新の情報は、各大学のホームページなどを確認してください。

● 東京大学

名称	支給額	対象	条件
検定料免除制度	検定料の全額	受験者	(1)東日本大震災における災害救助法が適用されている地域（東京都を除く）で被災した志願者で、次のいずれかに該当する方 ア　学資負担者が所有する自宅家屋が全壊、大規模半壊、半壊、流失した場合 イ　学資負担者が死亡又は行方不明の場合 (2)居住地が福島第一原子力発電所事故により、警戒区域、計画的避難区域、帰還困難区域、居住制限区域又は避難指示解除準備区域に指定された方
入学料免除制度	入学料の全額または半額	新入生	(1)経済的理由により、入学料の納付が困難であり、かつ学業優秀と認められる者（大学院入学許可者のみ） (2)入学前1年以内において、申請者の学資を主として負担している者が死亡し、又は申請者若しくは学資負担者が風水害等の災害を受け、入学料の納付が著しく困難であると認められる者 (3)その他、やむを得ない事情があると認められる者

名称	支給額	対象	条件
授業料免除制度	前期又は後期授業料の全額または半額	全学年	(1)経済的理由により、授業料の納付が困難であり、かつ学業優秀と認められる者 (2)授業料納付前6カ月以内において、申請者の学資を主として負担している者が死亡し、又は申請者若しくは学資負担者が風水害等の災害を受け、授業料の納付が著しく困難であると認められる者 (3)その他、やむを得ない事情があると認められる者
入学料徴収猶予制度	(徴収猶予)	新入生	(1)経済的理由により、入学料の納付が困難であり、かつ学業優秀と認められる者（大学院入学許可者のみ） (2)入学前1年以内において、申請者の学資を主として負担している者が死亡し、又は申請者若しくは学資負担者が風水害等の災害を受け、入学料の納付が著しく困難であると認められる者 (3)その他、やむを得ない事情があると認められる者
授業料徴収猶予制度	(徴収猶予)	全学年	(1)経済的理由により、授業料の納付が困難であり、かつ学業優秀と認められる者 (2)授業料納付前6カ月以内において、申請者の学資を主として負担している者が死亡し、又は申請者若しくは学資負担者が風水害等の災害を受け、授業料の納付が著しく困難であると認められる者 (3)その他、やむを得ない事情があると認められる者
「ゴールドマン・サックス・スカラーズ・ファンド」奨学金	年額50万円	学部学生	学業優秀であり、かつ経済的支援を必要とする者
東京大学さつき会奨学金	年額36万円	新入生	一般入試出願予定者で、入学後、自宅外から通学せざるを得ない女子

●京都大学

名称	支給額	対象	条件
入学料免除制度	入学料の半額	新入生	(1)大学院の研究科に入学する者で、経済的理由によって入学料の納付が困難であり、かつ、学業優秀と認められる者 (2)入学前1年以内において、学資負担者が死亡し、又は出願者若しくは学資負担者が風水害等の災害を受け、入学料の納付が著しく困難であると認められる者
入学料徴収猶予制度	(徴収猶予)	新入生	(1)経済的理由によって入学料の納付が困難であり、かつ、学業優秀と認められる者 (2)入学前1年以内において、学資負担者が死亡し、又は出願者若しくは学資負担者が風水害等の災害を受け、入学料の納付が著しく困難であると認められる者
授業料減免制度	前期又は後期授業料の全額または半額	全学年	(1)経済的理由によって授業料の納付が困難であり、かつ、学業優秀と認められる者 (2)授業料の納付期限前6月以内(入学した日の属する期分の授業料の免除の場合は、入学前1年以内)において、出願者の学資を主として負担する者が死亡し、又は出願者若しくは学資負担者が風水害等の災害を受け、授業料の納付が著しく困難と認められる者
東日本大震災に係る入学料免除制度	入学料の全額	新入生	(1)東日本大震災による災害救助法適用地域で主たる家計支持者が被災された者 (2)主たる家計支持者が福島第一原発の事故により避難指示を受けている者(30km圏内) (3)東日本大震災による災害救助法適用地域に主たる家計支持者の勤務先があり被災したことにより生活基盤がなくなった者 (4)東日本大震災による災害救助法適用地域に準ずる地域(隣接地)で主たる家計支持者が被災された者(被害状況による)
東日本大震災に係る授業料減免制度	前期又は後期授業料の全額または半額	全学年	
「ゴールドマン・サックス・スカラーズ・ファンド」東日本大震災被災者特別援助奨学金	年額50万円	全学年	(1)日本人(日本国籍を有する者、日本国の永住者、日本国の定住者、または日本国籍を有する者もしくは日本国の永住者の子である者)の学部及び大学院学生で、学力優秀、健康、志操堅固であって学資支弁が困難な者

第6章　試験本番の「プレッシャー」に打ち勝つ思考術　161

名称	支給額	対象	条件
			(2)他の奨学金を支給されていない者（ただし貸与奨学金及び一時給付金は除く） (3)東日本大震災（福島第一原子力発電所事故も含む）により、主たる家計支持者が被災、または、それに準ずる者

●一橋大学

名称	支給額	対象	条件
経済的困窮者及び災害被災者に対しての検定料免除制度	検定料の全額	受験者	(1)主たる家計支持者の平成24年の給与収入（公的年金収入を含む）が400万円以下の場合又は主たる家計支持者の平成23年の事業所得が218万円以下である場合 (2)災害救助法適用地域において、入学試験実施日の1年以内にり災した場合
東日本大震災被災者に対しての検定料免除制度	検定料の全額	受験者	東日本大震災にかかる災害救助法適用地域を擁する県(岩手県、宮城県、福島県、青森県、茨城県、栃木県、千葉県、長野県、新潟県)において被災した場合で、受験者の学資を主として負担する者（以下「学資負担者」という。）が、次のいずれかに該当する者を対象とする。 (1)学資負担者が被災し、死亡又は行方不明となった場合 (2)学資負担者の住居が被災し、全半壊・流失若しくは一部損壊又は全半焼又は床上浸水した場合 (3)学資負担者の勤務先（会社や自営業等ほか、田畑、漁業船舶等を含む。(4)において同じ）が被災したことにより、収入が見込めなくなった場合 (4)学資負担者の居住地が福島第1原子力発電所の事故により強制的に避難を命じられている又は勤務先が当該区域にあり就労が困難で収入が見込めない場合
入学料減免制度	入学料全額または半額	新入生	(1)学部又は大学院に入学する者（聴講生、研究生等として入学する者を除く。以下同じ。）であって、入学前1年以内において、学資を主として負担している者（以下「学資負担者」と

名称	支給額	対象	条件
			いう。)が死亡し、又は本人若しくは学資負担者が風水害等の災害を受けたことにより納付が著しく困難な場合 (2)前号に準ずる場合であって、相当と認める事由がある場合 (3)大学院に入学する者であって、経済的理由により納付が困難であり、かつ、学業優秀な場合 ※平成25年度4月入学者の入学料免除規則の取扱について 東日本大震災及び東京電力福島第一原子力発電所の事故による被災対象地域において、学資負担者が被災し、その影響で家計が急変し、入学時点においても修学の継続が困難になっている者は、(2)に該当するものとする。ただし、大学院学生の独立生計者は除く。
授業料減免制度	前期又は後期授業料全額または半額	全学年	(1)経済的理由により授業料の納付が困難であり、かつ学業優秀と認められる者 (2)授業料の各学期の納期前の6ヶ月以内(新入学者に対する入学した日の属する期分の免除に係る場合は、入学前1年以内)において、学資負担者が死亡し、又は本人若しくは学資負担者が風水害等の災害を受けたことによって授業料の納付が著しく困難と認められる者 (3)上記(2)に準ずる場合であって、学長が相当と認める事由がある者 ※平成25年度4月入学者の授業料免除規則の取扱について 東日本大震災及び東京電力福島第一原子力発電所の事故による被災対象地域において、学資負担者が被災し、その影響で家計が急変し、入学時点においても修学の継続が困難になっている者は、(3)に該当するものとする。ただし、大学院学生の独立生計者は除く。
入学料徴収猶予制度	(徴収猶予)	新入生	(1)経済的理由により納付期限までに納付困難であり、かつ、学業優秀な場合 (2)入学前1年以内において、学資負担者が死亡し、又は本人若しくは学資負担者が風水害等の災害を受けたことにより納付期限までに納付が困難であると認められた場合

名称	支給額	対象	条件
			(3)その他やむを得ない事情があると認められた場合
授業料徴収猶予制度	(徴収猶予)	全学年	(1)経済的理由によって納付期限までに納付が困難であり、かつ学業優秀と認められる場合 (2)学資負担者が死亡し、又は本人若しくは学資負担者が風水害等の災害を受け、納付期限までに納付が困難と認められる場合 (3)行方不明の場合 (4)その他やむを得ない事情があり、学長が相当と認める事由がある場合
一橋大学基金「東日本大震災＜平成25年度入学者＞奨学金」	月額50,000円	新入生	平成23年の東日本大震災にかかる災害救助法適用地域を擁する県（岩手県、宮城県、福島県、青森県、茨城県、栃木県、千葉県、長野県、新潟県）において、主たる家計支持者（以下「保証人」という）が被災し、下記の被災状況で、家計が急変し、現在も修学の継続が困難となっている者 ・死亡、又は行方不明となっている者 ・居住している家屋の全半壊及び流失等により罹災証明書が提出できる者 ・福島第一原子力発電所で発生した事故により強制的に避難を命じられていることを証明できる者
株式会社オデッセイコミュニケーションズ奨学金	月額50,000円	学部学生	経済的困窮度が高く、かつ学業優秀、心身ともに健全な学生
小林輝之助記念奨学金	月額50,000円	学部学生	学部に在籍する日本人学生で、学業、人物ともに優秀、かつ経済的理由による修学困難な学生
中村忠記念奨学金	月額50,000円	商学部生	商学部に在籍し日本国籍を有し、前期授業料免除申請者の中で特に経済的困窮度が高く、学業成績が概ね当該学部、学年の上位2分の1以内の学生

● 東京工業大学

名称	支給額	対象	条件
入学料免除制度	入学料の半額	新入生	(1)経済的理由によって納付が困難であり、かつ学業が優秀と認められる者 (2)学部新入生は、入学前1年以内において、学資負担者が死亡し、又は本人若しくは学資負担者が風水害等の災害を受けたこと等により納付が著しく困難であると認められる者
授業料免除制度	授業料の全額または半額	全学年	(1)経済的理由によって納付が困難であり、かつ学業優秀と認められる者 (2)授業料納付前6カ月以内（新入生の最初の納期についてのみ入学前1年以内）において、学資負担者が死亡し、又は本人若しくは学資負担者が風水害等の災害を受けたこと等により納付が著しく困難であると認められる者 (3)その他、学長が相当の事由があると認めた場合
入学料徴収猶予制度	（徴収猶予）	新入生	(1)経済的理由によって納付が困難であり、かつ学業が優秀と認められる者 (2)学部新入生は、入学前1年以内において、学資負担者が死亡し、又は本人若しくは学資負担者が風水害等の災害を受けたこと等により納付が著しく困難であると認められる者
授業料徴収猶予制度	（徴収猶予）	全学年	(1)経済的理由によって納付期限までに納付が困難であり、かつ学業優秀と認められる場合 (2)学資負担者が死亡し、又は本人若しくは学資負担者が風水害等の災害を受け、納付期限までに納付が困難と認められる場合 (3)行方不明の場合 (4)その他やむを得ない事情があり、学長が相当と認める事由がある場合

● 早稲田大学

名称	支給額	対象	条件
東日本大震災により被災された2013年度入学者に対する入学検定料・入学金・学費等免除制度	入学検定料、半期分または1年分の学費等（入学金含む）	新入生	学費負担者（主たる家計支持者）が、原則として災害救助法適用地域において震災による人的ないしは物的被害を受けた方で、早稲田大学への入学の意思があり、かつ入学検定料、入学金、学費等の減免を希望する方。 ※入試種別は問いません。但し科目等履修生等の志願者は除きます。
被災地（災害救助法適用地域）の入学者に対する入学検定料免除、入学金・学費等減免制度	入学検定料、半期分または1年分の学費等（入学金含む）	新入生	学費負担者（主たる家計支持者）が、当該試験における入学年月日から遡って1年以内に災害救助法が適用された市町村で被災された方で、早稲田大学への入学の意思があり、かつ入学検定料、入学金、学費等の減免を希望する方。（出願後に被災された方を含む） ※入試種別は問いません。但し科目等履修生等の志願者は除きます。
東日本大震災被災学生支援奨学金	40万円～100万円	新入生	東日本大震災により、主たる家計支持者の家屋の被災状況が甚大または収入状況の変化が著しい方。原則として、3月11日の東日本大震災により災害救助法が適用された地域に保証人または学費負担者の届出住所がある方としますが、震災の影響により他の地域であっても甚大な被害があった場合
めざせ！都の西北奨学金	年額40万円×4年間	学部新入生	1都3県以外の高校卒業者 給与収入700万円未満、その他事業所得250万円未満 評定平均3.5以上
各種学内奨学金	年額8万円～100万円	全学年	各奨学金により成績優秀者、経済困窮者など。

●慶應義塾大学

名称	支給額	対象	条件
東日本大震災による被災地からの2013年度入学試験受験生に対する特別措置	被災状況により，入学検定料，入学金，授業料等減免	新入生	東日本大震災に被災した2013年度入学試験受験生
2012年に発生した「大規模自然災害（激甚災害）」被災地からの受験生に対する特別措置	被災状況により，入学検定料，入学金，授業料等減免	新入生	2012年度中に発生した大規模自然災害（激甚災害）に被災した2013年度入学試験受験生
慶應義塾東日本大震災被災塾生特別奨学金	学費の範囲内	全学年	東日本大震災に被災し、経済的に学業の継続が困難になった者
「2000年記念教育基金」教育援助一時金	授業料の年額30%、50%、70%、100%	学部全学年	家計状況の急変（家計支持者の死亡・失職等）により、経済的に学業の継続が困難な者
慶應義塾大学教育ローン制度利子給付	学生本人が支払った利息額	全学年	慶應義塾大学教育ローン制度利用者で、給付資格のある者
学問のすゝめ奨学金	60万円（医学部90万円、薬学部薬学科80万円）	学部新入生	(1)首都圏（1都3県）以外の国内高校出身者で一般入試に出願予定の者 (2)家族が首都圏以外に居住し、入学後自宅外から通学する予定の者 (3)評定平均値（5段階評価）が「4.1」以上の者 (4)高校の教員より推薦を得られる者 (5)家計支持者の年収が給与収入800万円未満、事業所得337万円未満の者
慶應義塾維持会奨学金	学部により50万円または80万円	学部全学年	人物・学業ともに優れ、経済的に学業に専念することが困難な者を対象とし、首都圏（1都3県）以外の出身者を優先

名称	支給額	対象	条件
慶應義塾創立150年記念奨学金（海外学習支援）	100,000円〜300,000円	学部全学年	勉学の意欲を持ちながらも、経済的理由により海外学習活動に参加することが困難な者
学費延納制度	（滞納制度）	全学年（新入生入学手続時を除く）	学費納入期（春学期・秋学期）に申請・審査のうえ、学費の延納を認める。なお、入学手続きは猶予の対応をしていない。
各種学内奨学金	年額3万円〜50万円	全学年	各奨学金により成績優秀者、経済困窮者など

4 不安と焦りに打ち勝つための五つのテクニック

　気持ちが強くもてないときは、受験のプレッシャーが「不安」や「焦り」となって表れます。ここでは、不安や焦りを感じたときに気持ちを切り替えるための方法を紹介します。

❶ 自分のことだけを考える

　友達がセンター試験でよい点数を取ったり志望校に合格したりすると、つい不安に感じたり焦ったりしてしまうものです。本当は「おめでとう！」と言って祝福してあげないといけないのに、正直にそう思えない自分がいて、余計に悩んでしまう受験生も多くいます。

　でも、あなた自身も受験のプレッシャーと必死に闘っているのです。友達の合格を素直に喜べなくても、それは仕方がありません。あなた自身も合格することができれば、友達を祝福してあげる余裕ができるので安心してください。

そのためにも、まずは自分の受験に集中しましょう。**受験は周りの受験生との勝負のように思えますが、そうではありません。あなたの実力と志望校の合格ラインとの勝負なのです。**

志望校を受ける受験生全体のレベルが急に上がったり下がったりすることは、通常ありえません。周りの受験生が気になる気持ちはよく分かりますが、どうすれば自分が合格ラインを超えられるのかだけに集中してください。

❷度の超えたことをしない

ストレスがたまってしまうと、心が疲れて気持ちを強く保つことができません。反対に、ストレスを取り除くことによって不安や焦りを解消することができるのです。では、ストレスはどのようなときに感じるのでしょうか。

「ストレス」という言葉は、1935年にカナダの医学者ハンス・セリエ（Hans Selye,1907〜1982）によって提唱されました。ハンス・セリエは、ストレスを次のように定義しています。

> ストレスとは、どのような質問に対しても答えようとする身体の反応である。（『ブリタニカ国際大百科辞典』）

少しピンとこないかもしれませんが、分かりやすく言い換えると、「どのような苦しい状況でも乗り越えようとするときに起こる身体の反応」となるでしょうか。

例えば、冬の寒い日に外で友達と待ち合わせをしているとしましょう。約束の時間になっても相手がなかなか現れないとき、寒いなかずっと待ち続けていたら誰だってイライラします。これは「寒さ」という物理的な要因によるストレスです。どんなに寒くても我慢して待ち続けようとするから、イライラしてしまうわけです。

このように、度を超えたことをしたときに身体はストレスを感じます。

「時間がないから、もう睡眠を削って勉強するしかないか……」

というように、度の超えたことをするのはやめましょう。時間が足りないのなら、残された時間を効率よく使うことを考えてほしいのです。そのためにも、次のことを意識してください。

❸やらないことを決める

買ったのに手をつけていない問題集やこれまで受けてきた模試の復習、さらに受ける大学すべての過去問、試験日までにやりたいことはたくさんあるでしょう。

でも、残り時間は限られています。そんな葛藤から何をしてよいのかが分からなくなり、何も手がつかずに不安が募るばかりという受験生が多いようです。手当たり次第に手をつけていったとしても、すべて中途半端に終わる可能性が高くなります。

「結局、一番大切な過去問を解く時間がなくなってしまった……」

こんなことになってしまったら、これまでの受験勉強が無駄になってしまいます。

受験シーズンの勉強計画を立てるときには、勇気をもって「やらないことを決めること」を意識してください。試験直前になって、新しい参考書や問題集に手を出すのは禁物です。この時期に新しいことを始めても焦りが増すだけです。

第5章でもお話しした通り、この時期に大切なのは中途半端な理解を完璧なレベルに仕上げることです。試験直前は、復習中心の勉強をしてください。勉強計画を立てるときには、「ここまでできたらいいな」と理想をもつことではなく、「ここまでならできる」という現実を見ることが大切です。

❹「今できること」に集中する

　将来に起こることを心配しすぎると不安や焦りを感じます。「やらないこと」を決めて勉強計画を立てたら、毎日の計画をこなすことに集中してください。目の前のことに集中することによって、プレッシャーからのがれることができます。さらに、勉強計画を確実にこなしていくことで、不安や焦りが自信へと変わるはずです。

　将来の不安が頭によぎったときには、「今できること」を考えましょう。問題集を開く、背筋をピンと伸ばしてみる、不安なことを書き出して頭をクリアにする。考えてばかりいると不安は募るばかりです。行動を取ることが、必ず不安を取り除く切っ掛けになります。

❺プラスの情報に触れる

　受験シーズンに入ると、「絶対に合格してやる！」と気持ちを強くもてるときと「もうダメかも……」と諦めそうになってしまうときの差が激しくなります。

　誰にでも気持ちの状態には波があるものですが、特に合否の結果が出始めると気持ちの振れ幅が大きくなります。

　受験が始まったら、気分がとても変わりやすく、敏感になりやすいことを意識しておいてください。自分の気持ちを強く保つためにも、日頃からプラスの情報に触れるようにしましょう。

　もちろん、マイナスの情報にできるだけ触れないようにすることが大切となります。ほかの人の合否は耳に入れないように心掛けたり、否定の言葉や愚痴ばかり言うような人とは距離を置くようにしてください。

　もし、気持ちがマイナスに振れそうになったら、元気づけてくれる言葉や音楽に触れて、早く元の状態に戻すように努めてください。

5 緊張に打ち勝つための五つのテクニック

　気持ちを強くもつことは大切ですが、「絶対によい点数を取らなくちゃ！」と気負いすぎてしまうと逆に緊張してしまいます。私は現役生として初めてセンター試験を受けたとき、あまりの緊張で手が震えて頭が真っ白になったことがありました。
　こうなってしまっては、せっかく頑張ってきた成果も出し切ることは不可能となります。
　緊張をうまくコントロールできれば、本番で力を出す確率が非常に高くなります。私はこれまで、数千人の前でスピーチをしたり国立競技場のグラウンドに立って数万人の歓声を受けたりなど、緊張する場面を数多く経験してきました。
　緊張をしすぎると身体も頭も固くなってしまいますが、適度な緊張は感覚を鋭くして、集中力を増してくれるという効果があります。ここでは、私の経験を踏まえて緊張をうまくコントロールするためのテクニックをお伝えします。

❶身体で緊張をコントロールする

　緊張すると、心臓がドキドキと脈打つのが分かります。「落ち着かなくちゃ」と思えば思うほど、このドキドキ感は大きくなっていきます。一度張りつめた気持ちを落ち着かせるのは、なかなか難しいものです。
　私はセミナー講師として人前で話す仕事をしていましたが、決して人前に立つことが得意だったわけではありません。初めのうちは、緊張で足がブルブル震えながらも必死に笑顔を作りながら話していたものです。いくら落ち着こうと思っても身体がこわばってしまうので、あるとき先輩に相談をしてみました。このときに受けたアドバイスは、

「緊張したら身体を動かせ！」

というものでした。

　心と身体の動きは連動しています。心をコントロールするのが難しいときには、身体をコントロールすることを意識してみてください。私も先輩のアドバイスを受けてからは、歩いたり身振り手振りをつけたりしながら話すことで緊張が和らぐようになりました。

　あなたが試験会場で緊張したときも、軽く身体を動かしてみるとよいでしょう。大きく深呼吸をして、背筋をピンと張って姿勢を正してみてください。周りの受験生から「あの人はできそうだな」と思われるくらいがよいでしょう。自信がありそうに振る舞うことで、不思議なことに本当に自信が生まれてくるのです。

❷ もっと緊張する場面を想像する

　これまで様々なことを経験してきた私ですが、やはり初めてのことに挑戦したり、大切な試験を受けたりするときには緊張します。そんなとき、決まって考えるようにしていることがあります。それは、

「あの国立競技場で走ったときと比べたら、まだいいほうだ」

ということです。

　私は中学校から大学まで、ずっと陸上競技部に入っていました。大学生のときには、リレーメンバーとして国立競技場を走ったこともあります。これまでに様々な競技場で走った経験がありますが、国立競技場で感じたプレッシャーは今でも忘れることができません。

　ほかの競技場にはない神聖な雰囲気、すぐ近くを飛行機が飛んでいるかのような数万人の歓声——緊張に押しつぶされていた私は、リレーの第一走者としてグラウンドに立っているのがやっとでした。言うまでもなく、プレッシャーに負けたランナーが力を出し切れるはずもなく、あの日のこ

とは苦い思い出として私の心の中に残っています。

今は、緊張するたびに国立競技場に立った日のことを思い出します。そうすると、「あれ以上の失敗はないだろう」と気持ちがフッと楽になるのです。

きっとあなたにも、これまで緊張したり失敗したりした経験があるのではないでしょうか。せっかくの経験ですから、そんな緊張を、受験を乗り越えるためにうまく使いましょう。

❸ 実力以上の結果を求めない

ある日、テレビを見ていたら、オリンピックの陸上男子100mで金メダリストに輝いた選手のインタビューが流れてきました。

アナウンサー：100mはスタートが大切ですが、スタートラインについた瞬間は緊張しましたか？
金メダリスト：まったく緊張しませんでした。
アナウンサー：どうしてですか？
金メダリスト：スタートラインに立ったときには、すでに結果が決まっています。どんなに運がよかったとしても、自分の能力以上のスピードで走ることはできませんからね。

いざ試験が始まると、「今までの頑張りを結果に出さなくちゃ」と焦ってしまう受験生が多いものです。でも、**問題用紙が配られたタイミングで、発揮できる100％の力は決まっています**。それならば、**実力通りやればよい**のです。実力以上の力を発揮しようとするから、過度に緊張して、普段解けるような問題までも解けなくなってしまうのです。

いくら頑張っても、あなたが100mを10秒で走ることは難しいでしょう。あなたにとってベストな走りをすることが、結局はよいタイムにつながるのです。試験においても、「できるだけよい点数を取る」ことを目指すの

ではなく、「実力を100％出し切る」ことだけを意識してください。

❹ミスを受け入れる

　ミスを恐れすぎると身体はプレッシャーを感じます。特に、センター試験は、多くの受験生にとって初めての試験となります。きっと、「ミスなんて絶対にしたくない」と考えて臨む人がほとんどでしょう。でも、この考え方は危険です。実は、ミスをしないで試験を終えられる人のほうが少ないのです。

　ほとんどの国公立大学では、センター試験で5教科7科目または8科目を課しています。これだけ科目数が多いと、ミスする可能性も高まるのです。

　例えば、一つの科目について10％の確率でミスしてしまうと仮定すると、ミスをすることなく8科目の試験を終えられる確率は、

$$0.9 \times 0.9 \times 0.9 \times 0.9 \times 0.9 \times 0.9 \times 0.9 \times 0.9 \fallingdotseq 0.43$$

となり、50％を下回ってしまうのです。つまり、すべての試験をミスなく終えられるほうが可能性は低いのです。

　「ミスは絶対にしない」と考えるよりも「ミスはして当たり前」という心構えが必要です。前節でストレスについてお話ししたときに紹介したハンス・セリエは、次のような説も発表しています。

> 　二つの軽いストレスが続いて加わったときは、心の抵抗力が高まる。しかし、二つの重いストレスが続いて加わったときには、抵抗力を失い心身の重症化につながる。(『ブリタニカ国際大百科辞典』)

　大きなミスを2回繰り返してしまうと、残りの試験に対して「もういいや……」と諦めてしまいかねません。そこで、ミスを1回で止めること、さらにそのミスを「当たり前のことなんだ」と軽く受け止めることの二つ

がミスを引きずらないために大切となります。失敗した次の科目こそ、一番の勝負どころと言えるでしょう。

❺ 完璧な準備をする

　これまでいくつかのテクニックを紹介してきましたが、試験当日になってバタバタするのは「その場しのぎ」と言わざるをえません。しっかりと腰を据えて試験に立ち向かうためには、前もって入念な準備をすることが一番の対策になります。

　分からないことや不確定なことがあると、どうしてもプレッシャーを感じてしまうものです。そのため、事前にできることは必ずやっておきましょう。会場の下見や試験当日のシミュレーション、持ち物の準備もできるだけ早く終えておいてください（付録の「試験の持ち物チェックリスト」も参考にしてください）。

　試験会場を下見するときには、家から試験会場までの道のりと移動にかかる時間を調べておいてください。電車やバスなどの交通機関を使う場合には、待ち時間や乗車時間はどれくらいなのか、もし電車やバスが止まってしまったときには代わりの交通手段があるのかを確認しておくとよいでしょう。

　できるなら、曜日と時間帯を試験当日に合わせて下見することをオススメします。

6　試験前日と当日にやるべきこと

　試験のときにやるべきことを前もって知っておけば、プレッシャーを軽くすることができます。それでは、試験前日と当日にやるべきことをまとめておきましょう。完璧な準備をして試験に臨むためにも、シミュレーシ

ョンをしながら読み進めてください。

　でも、ここまで本書読み進めた読者のみなさんは、「もうすでに体得しているよ」と言うかもしれませんね。そういう人たちは、復習を兼ねて読んでください。

❶試験前日──寝るまで

勉強は軽めにする──試験前日は、参考書やノートを確認する程度で構わないでしょう。気持ちが焦って勉強に集中できない場合は、無理をして机に向かう必要はありません。心が疲れていると感じたら、好きな本や雑誌を読んだり音楽を聴いたりしてリラックスしましょう。

持ち物を準備する──付録の「試験の持ち物チェックリスト」を参考に、持ち物は前日のうちに準備しておいてください。特に、受験票のように忘れると取り返しのつかないものや、試験当日の朝にカバンに入れるものは要注意です。それほど必要でないものを忘れたとしても、気持ちが動揺して余計なところで疲れてしまいます。

早めに布団に入る──試験前日は、緊張して寝つけないこともあるでしょう。少し寝られなくても不安にならないように、早めに布団に入っておくことをオススメします。

天気予報を確認する──もし、試験当日の天候が悪くなりそうであれば、寝る時間をさらに前倒しするとよいでしょう。交通機関に影響が出るかもしれない場合は、早めに家を出るようにしましょう。

❷試験当日──起きてから出発まで

しっかり朝食をとる──最初の科目から頭をフル回転させるためには、朝食をとることが不可欠となります。食べるものは、いつもと同じもので構

いません。試験だからといって特別なものを食べたりしたら、余計に緊張してしまいます。

体温の調節をしやすい服を着る──試験会場の広さや座席の場所によって、体感温度に大きく差が出ます。暑かったり寒かったりすると試験に集中することができません。体温調節をしやすいように、重ね着をしていきましょう。

❸ 試験当日──会場到着から試験開始まで

時間の余裕をもって到着する──試験開始の1時間くらい前には、試験会場に到着しておくようにしましょう。途中で道に迷ったり交通機関に遅れがあったりしても、気持ちに余裕がもてるぐらいの時間に到着したいものです。

会場の施設を確認する──試験会場のトイレや休憩場所などをひと通り確認しておきましょう。特に、センター試験は休憩時間が長いので、リラックスして過ごせる休憩場所を探しておくことをオススメします。

試験を受ける準備をする──自分の席に着いたら、改めて筆記用具などの確認をしましょう。万が一足らないものがあったとしても、早めに気が付けば対応できることもあります。ケータイやスマホの電源などを切っておくことも忘れずに。

❹ 試験当日──試験

独特の雰囲気に飲まれない──試験本番は、模試とは違う独特の雰囲気があります。その雰囲気に飲まれないためには、解ける問題から解いていくことが大切となります。分からない問題を考え続けていると、時間があっという間にすぎてしまって不安と焦りが襲ってきます。実際に手を動かし

て問題を解き進めることによって、自分のペースをつかんでください。

休憩時間は思うように過ごす――休憩時間の過ごし方として一番大切なことは、次の試験に全力を注げるように調整をすることです。休憩時間は、勉強するべきだとかリラックスするべきだという正解はありません。自分がしたいと思ったことを素直にするのが、一番心が疲れないベストな過ごし方と言えます。

❺試験当日――１日目から２日目まで（複数日の場合）

１日目の答え合わせはしない――特にセンター試験の場合は、新聞やインターネットなどで試験の正答や難易度速報が発表されます。これらの情報は、２日目の試験が終わるまでは見ないほうがよいでしょう。

　１日目の結果が気になるのはよく分かりますが、まだ試験は終わったわけではありません。少しでもよい状態で２日目の試験に臨めるように意識してください。

早く寝て２日目に備える――気分が高揚していると気が付きにくいものですが、１日目の試験が終わって身体も心も疲れ切っています。２日目も全力を出し切れるように、１日目の夜は早めに寝ましょう。

7 受験本番で力を発揮するための３か条

　自信をもって受験日を迎えることができたとしても、いざ試験問題が配布されると突然プレッシャーに襲われてしまうことがあるかもしれません。ここでは、ピリピリした雰囲気の試験会場でもしっかりと自分を保ち、力を最大限発揮するために必要な心構えをお伝えします。

第6章　試験本番の「プレッシャー」に打ち勝つ思考術

❶万全の体調で試験日を迎えよう

　受験生は、これまで長い間プレッシャーに耐え、やりたいことをたくさん我慢してきたわけです。ここまで勉強を頑張り続けて、まったく疲れていない受験生などいるわけがありません。本書を読んでくれているあなたには「最後まで頑張ってほしい」と願っています。でも、それ以上に強く望んでいることがあります。それは、**「試験本番で実力を出し切ってほしい」**ということです。

　最後まで全力で頑張り抜きたい気持ちは、痛いほどよく分かります。でも毎年、何人かの受験生から次のようなメッセージが送られてくるのです。

> 　試験直前に体調を壊してしまって、力を出し切れませんでした。今までの頑張りは、一体何だったんでしょう……。

　これほど、読んでいて辛いメッセージはありません。きっと、本人はもっと辛いことでしょう。どうか、頑張りすぎて体調を壊したりしないように注意をしてください。

　常に身体と心の調子にアンテナを張りながら、少しでも異変を感じたら早めに休んで回復に専念することも大切です。試験当日に体調を壊してしまったら、これまで積み上げてきたものが台無しになってしまいますから、それだけは絶対に避けてください。

　試験直前は、「実力を上げる」よりも「今ある実力を100％出し切る」ことを意識してください。

　また、試験時間に頭が働くように、睡眠や食事の時間などの生活リズムを整えておくことも大切です。特に夜型になっている人は、必ず朝型に切り替えてください。生活のリズムは簡単に切り替えられるものではありません。無理にリズムを変えてしまうと体調を壊しかねないので、1週間くらいかけて少しずつ整えていくようにしてください。

❷ 周りに動揺しない

　普段と違うことをしたり初めての場所に行ったりすると、誰でもプレッシャーを感じるものです。試験会場に行くと、模試とは違う雰囲気に戸惑うこともあるでしょう。

　周りには、試験時間ギリギリまで必死に猛勉強をする受験生、解き終わった科目について感想を述べ合っている受験生、私がセンター試験を受けたときには、英字新聞を広げて自信満々そうな雰囲気を漂わせている受験生もいました。

　このような人達を見ると、「自分も勉強しなくちゃ」とか「やっぱり自分はダメかも……」なんて考えてしまうものです。でも、周りが何をしていようとも、それはあなたの実力には何の影響も与えません。繰り返しますが、試験で一番大切なのは「あなた自身の実力をすべて出し切ること」なのです。

　周りの様子を見て動揺しないためには、普段と同じ環境を作って自分のペースを守ることが大切です。私は、家で勉強するときに使っていたクッションを試験会場に持っていきました。長い時間イスに座っていても疲れないし、家と同じ環境でリラックスして問題を解くことができたことを覚えています。

　大事な場面で結果を出すために、第２章で紹介した「スイッチアクション」を活用しているスポーツ選手もたくさんいます。例えば、あるスポーツ選手は次のようなアクションを取ることで有名です。さて、誰のことでしょうか。

　左の手のひらを右肩に添える。左手はそのままで、右手を身体の右のほうへ地面と水平に伸ばす。手のひらはグーにして親指が上になるようにしたら、視線は右手の先のほうへ。

誰のアクションか分かりましたか。そう、メジャーリーガーのイチロー選手です。イチローは、必ず同じアクションを取ってからピッチャーの投球を待ちます。どんなに緊張する場面でも同じように力を発揮できるように、打席のなかで毎回同じように身体を動かすそうです。いつも同じアクションを取ることによって、どのような状況であっても打つことに集中できる状態に入れるわけです。

私が集中力を高めるためのスイッチアクションとして試験前に目薬を差していたことは、すでにお話しした通りです。あなた独自のスイッチアクションを作っておくことによって、どんな状況でも力を出し切ることができるようになります。

❸ 最後の１秒まで全力を尽くそう

どの試験においても、合格ライン付近には実力が拮抗した受験生がたくさんいます。ほんの１点の差が、合否を分ける大きな差になるのです。必死に頑張って勉強してきたのはほかの受験生も同じです。

最後に合否の差を分けるのは、「絶対に合格したい！」という気持ちの強さでしょう。合格ラインを１点でも超えるためにも、試験の終了時間ギリギリまで全力を出し尽くすようにしてください。

科目間の休憩時間は気分が変わりやすいので、特に注意が必要です。予想以上に解くことができている場合も、決して油断してはいけません。「不安」や「緊張」という状態は自分で感じやすいものですが、「油断」しているときは気が付きにくいので注意をしてください。滑り止めだったつもりの試験に落ちてしまい、あとになって油断していたことに気付くことも多いのです。

油断を防ぐためには、単に合格するだけではなく、「より上位での合格を目指す」という意識が大切です。滑り止め校を受けるときには、問題をすべて解くぐらいの気持ちで試験を受けて、その勢いを第一志望校につなげてください。

反対に、あまり解けなくてや̇る̇気がなくなりかけている場合でも、残りの試験で最善を尽くしてください。終わった科目のことは試験後に反省するとして、まずは残りの試験に集中しましょう。
　どんなに不利な状況になったとしても、チャンスが残っている限りは最後まで決して諦めないでください。諦めたら、すべての可能性がゼロになってしまいます。試験時間は最後の1秒まで考え抜いて、空欄は絶対に残さないでください。**最後まで諦めずにもぎ取った1点が、合否を分ける1点になるかもしれないのです。**

8　最後に逆転合格を勝ち取るために

　受験シーズンの前半では、慣れない試験へのプレッシャーに打ち勝って実力を出し切ることが大切となります。そのために必要なことを、ここまでお話ししてきました。もし、前半のうちに合格を手にすることができれば、自信がついて後半戦でも結果を残しやすくなるでしょう。しかし、前半戦で不合格が続くと、プレッシャーではなく無力感との闘いになっていきます。
　長い受験勉強を経て、さらに試験本番のプレッシャーと闘い続けてきた受験生は、体力的にも精神的にも疲れがたまっているはずです。そんなときに不合格ばかりが続いてしまうと、

「このままじゃ、どうせ次の試験もダメに決まってる……」

なんて失望してしまうものです。
　無力感を抱きながら試験を受けたら、さらに合格とは離れてしまうでしょう。気持ちを強くもたなければならないことは分かっていても、心身ともに疲れ切った状態では難しくなります。実際、受験シーズンの後半にな

ると、受験生から「もう勉強が手につかない」という相談が多くなります。
　しかし、角度を変えて考えてみると、受験シーズンの後半には逆転合格のチャンスがあるということでもあります。特に、国公立大学の後期試験は最大のチャンスです。
　国公立大学を目指す受験生は前期試験で第一志望校を受けるため、試験が終わると一気に疲れが出るとともに、結果が気になって後期試験の勉強が手につかない人がほとんどなのです。
　何もしないで後期試験を迎えてしまうのと、しっかりと勉強してから試験に臨むのとでは天と地ほどの差が出ます。さらに後期試験は、前期試験の合格発表日の数日後に実施されますので、前期試験で不合格となり、ショックを受けた直後に自信をもって試験に臨める人は少ないはずです。
　精神的に切り詰めている日が続いて、気持ちが晴れずについ下を向いてしまう日もあるでしょう。
　でも、そんなときこそ前を向いてください。無理やりにでも笑顔を作ってください。合格したから笑顔になれるのではなく、笑顔でいることが合格につながるのです。ほんの少しの発想の転換が、あなたにたくさんのよいことをもたらしてくれるはずです。
　受験は、最後まで何が起こるか分かりません。あなたのことを一番信じてあげられるのは、間違いなくあなた自身です。**あなた自身が諦めてしまったら、奇跡なんて絶対に起きません。**また、辛い思いをした分だけ、合格したときの喜びも大きくなるはずです。
　人生最高の喜びを勝ち取れるように、最後まで自分を信じて頑張り抜きましょう！

第7章

受験の先にあるあなたの「未来」

あなた自身の力で、未来はいくらでも変えていける
（名古屋大学キャンパス）

1 「成功」とは何かを考えてみよう

あなたは、「成功」と聞くとどのようなイメージを思い浮かべますか？
「夢や目標を実現すること」
「よい企業に就職して、裕福な生活を送ること」

きっと、いろいろな答えが出てくるでしょう。受験生にとっては「志望校に合格すること」となるかもしれません。100人の人に聞けば、100通りの答えが返ってくるでしょう。

でも、考えてみてください。もし、夢や目標を実現することができなかったら、それは「失敗」の人生なのでしょうか。たくさんのお金を稼いでいる人は、そうでない人よりも幸せに生きていると言えるでしょうか。

それは違います。夢を実現していなくても、夢に向かって頑張っている人は輝いて見えるものです。また、決して裕福な生活を送っているとは言えなくても、笑顔で幸せに暮らしている人はたくさんいるのです。

受験生のあなたには、これから「合格」、「就職」、「結婚」など人生における大きな転機が何度かやって来ることでしょう。**多くの人は、これらの転機をうまく乗り越えることが「成功」なのだと勘違いしています。しかし、本当に大切なのはその先です。**大学生活や仕事を通してあなた自身が成長すること、そして結婚生活を充実させることが幸せな人生につながるのです。

受験生は合格することが「成功」であり、不合格は「失敗」だと考えてしまいがちですが、そうとは限りません。第一志望校に合格できたとしても、その先の大学生活を中途半端に過ごしてしまったら成功とは言えないのです。

反対に、もし合格できなかったとしても、受験を通して身につけた向上

心や粘り強さを今後の人生に活かすことができれば成功となるのです。

　受験の合否が成功となるか失敗となるかは、その結果をどのように活かしていくかで決まります。充実した未来をつかむためには、単に合格を目指すのではなく、受験を通して自分自身を成長させることが大切となります。**私は、未来に向かって成長し続けることこそが「成功」だと考えています。**どんな経験であれ、それを未来に活かすことができれば成功になるのです。

　成長し続けるために大切なことが二つあります。一つは、目の前にあることを全力で頑張り抜くことです。常に100％の力を出し尽くすことによって、次は120％の力を出せるようになるのです。もう一つは、未来を見据えて行動することです。

　有意義な大学生活を送るためには、受験生のときから合格後のことを意識しておく必要があります。そこで本章では、受験後から大学生活、さらに就職において大切なことをお話ししていきます。

2　未来はいくらでも変えられる

　少子化によって受験生の数が減るなか、大学は新しく創設され続けています。すると、受験の倍率は下がっていくように思えますが、決してそうとは言い切れません。18歳の人口は10年前の8割に減少しているにもかかわらず、大学志望者数は10年前の9割にしかなっていません。つまり、大学進学率は上昇しているということです。

　また、景気の低迷により国公立大学に人気が集中しています。この状況は、当面の間続くと言えるでしょう。私立大学においても、早稲田大学や慶應義塾大学をはじめとする有名大学は相変わらず高い倍率を維持しています。

倍率が２倍を超えると、合格した受験生よりそうでない受験生のほうが多くなります。有名大学の倍率は、２倍を超えることなんて当たり前です。そのため、第一志望校に合格できる受験生よりもそうでない受験生のほうが多いことになります。つまり、悔しい気持ちや将来への不安を抱えて大学へ進む人がたくさんいるということです。

「どの大学に入るかによって、その先の人生が決まる」

　私が受験生のときには、このように考えていました。きっと、私と同じように考えている人も多いのではないでしょうか。でも、断言します。**学歴よりもその大学入学後に行うことのほうが、その先の人生に大きな影響を与えるのです。**

　私が就職活動をしたときには、「出身校は一切うかがいません」というスタンスの会社もありました。また、仕事において複数の会社の人事担当者から話を聞いたときにも、「学歴はまったく評価しない」という声を多く耳にしました。つまり、「合格」という過去の経験よりも、大学に入ってから成長し続けている今の実績のほうが重要視されているのです。

　学歴が就職するときに大きな影響を与えないとはいえ、実現したい夢や目標によっては、大学や学部の違いが理由で実現までの道のりが遠くなってしまうこともあるでしょう。

　例えば、「教師になりたい」という場合は、一般的には教育学部に入って教員免許を取ることを目指すことになりますが、別の学部に合格してしまった場合は、仮に教員になる道が残されていたとしても「遠回りになっちゃったな……」とガッカリしてしまうことでしょう。

　今のあなたと夢をつなぐ真っ直ぐな直線が、歩くべき最短ルートのように感じるかもしれません。でも、頂上を目指して歩く山登りと同じように、夢に辿りつくための道はたくさんあるのです。

　夢につながるどの道も、上り下りがあったり、くねくねと曲がったりしています。一見最短ルートのように思える道がそうではなかったり、別の道

を通ってみたら途中に素敵な景色が広がっていたりすることもあるのです。

夢への最短ルートなんて、誰にも分かりません。**夢を実現したときに通ってきた道が、あなたにとっての歩くべき道だったのです。**

大切なのは、歩みを止めないことです。たとえ遠回りだって、歩き続けていれば目標に近づいていきます。また、脇道を通ることで得られることもあるのです。

例えば、いろいろな経験を重ねて多くの困難を乗り越えてきた教師のほうが、生徒の気持ちに寄り添えるよい教師になるものです。事実、私の周りには理学部から教師になった人もいれば、建築学部から教育学部に編入して教師になった人もいます。脇道に逸れることを恐れずに、あなた自身の道を歩いてください。

それでも、どうしても目指す大学や学部に入りたいという人もいるかもしれません。その場合も、編入試験や大学院試験を受けるという方法があります。

大学院とは、大学の上に位置づけられる教育機関です。大学と同じように入試はありますが、実は大学入試と比べると倍率が大きく下がります。有名大学でも、2倍以下になることが珍しくありません。編入や大学院入試を含めて考えれば、将来の可能性はさらに広がります。

受験生は目の前の勉強で精いっぱいかもしれませんが、視野を広げれば大学受験は単なる通過点であることが分かります。あなたの未来は、いくらでも変えることができるのです。

3 予備校に行くか、自宅浪人を選ぶか

受験の結果によっては、残念ながら浪人することを選ぶ受験生もいるでしょう。浪人する場合、まず決めなければならないのは塾や予備校に通う

のか、それとも自宅浪人として独学で勉強をしていくのかということです。私は、受験費用を稼ぐためにアルバイトをしながら自宅浪人するという道を選びました。

「予備校に通うとお金がかかるから自宅浪人をしたいけれど、自分にできるのかな……」

きっと、こんなふうに悩む人もいるでしょう。ここでは、私の経験を踏まえて自宅浪人を乗り切るために必要なことをお話しします。予備校に行くか自宅浪人をするかで迷っている受験生は、ぜひ参考にしてください。

❶自分に合った勉強計画を立てる

塾や予備校では、各講座のカリキュラムに従って予習と復習をしていれば体系的に勉強を進めていくことができます。一方、自宅浪人をする場合は、自分で勉強計画を作っていかなくてはいけません。自分の学力と目標との差を把握して、それを埋めるための計画を立てる必要があります。

そのためには、まず自分の現状を正確に把握しなければなりません。実力を過信したり、弱点を見過ごしたりしてしまっては、勉強のスタート地点を間違えてしまうことになります。模試の結果などのデータをもとに、現状を客観的に分析できる力が必要となります。

❷分からないことの解決法をもっている

私が自宅浪人をしていて最も困ったのは、「勉強していて分からないことが誰にも聞けないこと」でした。特に、理解を積み上げていく理数系科目においては、分からないことをそのままにしておくことは致命的となります。でも、分からないことがあるたびに友達や学校の先生に聞きに行くのも難しいでしょう。

そこで私は、「将来の自分」に聞くようにしていました。解説を読んでも分からない問題は、問題番号をメモ帳に羅列して「分からない問題リス

ト」を作ったのです。リストの問題は定期的に復習します。時間が経ってから見直してみると、他の分野の理解が手伝って分からない問題が理解できるようになっていることがあるのです。

理解できた問題はリストの番号に横線を書き足して消します。そうすると、分からない問題が次々と消えていくことが目に見えて分かるので、自分が成長しているという実感をもつことができたのです。

❸ 運動する習慣をもっている

受験を乗り越えるためには、それなりの体力が必要です。受験と体力なんて無関係のように思えるかもしれません。でも、身体と心の状態は深くつながっています。勉強へのやる気や集中力を保つためには、身体が元気でいることが不可欠なのです。

しかし、自宅浪人をしていると、どうしても家にこもりがちになり、身体が弱くなっていってしまうのです。

運動をすることは、自分の身体と心の状態を客観視する切っ掛けにもなります。例えば、ジョギングをする場合は、走りながら自分の体調をみてペースを上げ下げしたり、走る距離を変えたりするでしょう。

自分の調子を見る習慣をもっておくことによって、身体や心の調子を崩す前に対策をとることができます。一人で勉強を頑張り続けるためには、常に身体と心の調子をよい状態に保てるように意識する必要があります。

❹ 生活リズムをコントロールできる

自分のペースを保って勉強を続けるためには、毎日の生活リズムを守ることが大切です。

自宅浪人をしていると、自由に時間を使うことができます。何も予定が入っていないと、時間に対する感覚がルーズになりやすいものです。そうすると自制心がなくなり、生活リズムが崩れてしまいます。

「今日は集中できるから、もう少し勉強しよう」と夜遅くまで起きていた

ら、次の日に反動が来てしまいます。毎日の勉強量にムラが出ると、精神的にも不安定になります。

私は、朝5時に起きて夜11時に寝るという生活を毎日繰り返していました。たとえ勉強に集中できる日だとしても、11時になったら必ず寝るわけです。

反対に、身体や心の状態がよくないときには、早めに寝るという判断をすることも必要です。長い目で考えて、生活リズムをコントロールすることを心掛けてください。

❺ 心のつながっている仲間がいる

自宅浪人は、朝から晩まで部屋にこもって一人で勉強する毎日です。時には、周りから疎外されているように感じて、孤独感に押しつぶされそうになるときもあるかもしれません。そんなときに必要なのが「仲間」の存在です。

ここでの仲間とは、あなたに力を与えてくれる人のことです。実際に「頑張れ！」と声をかけてくれる家族や友達、先生はもちろんのこと、「アイツには絶対負けたくない」と思えるライバルだって構いません。また、ツイッターやfacebookなどのアカウントをもっている受験生にとっては、インターネット上で励ましあえる人達も仲間と呼べるでしょう。私が運営しているブログでも、多くの受験生がお互いに励ましあいながら頑張っています。

自宅浪人は、一人でいる時間が多くなります。だからこそ、仲間との支えあいやライバルとの切磋琢磨が必要なのです。直接会える人でなくても構いません。心の中で、「あの人がいるから自分は頑張れる」と思える人がいればよいのです。

きっと、あなたの周りにもあなたのことを応援してくれている人がいるはずです。そんな心のつながりを意識すれば、自宅浪人の孤独感から救われるのです。

4 私が大学時代に取り組んだこと

　繰り返しますが、合格したあとのことを意識して、受験に臨むことが大切です。ここでは、大学入学後のイメージをもてるように、私が大学時代に何を考えてどのような生活を送っていたのかをお話しします。

　高校でしか経験できないことがあれば、大学でしか経験できないこともあります。おそらく、高校生活の思い出となるのは、部活動や修学旅行のような学校内の活動であることが多いでしょう。

　一方、大学生になると行動の幅が大きく広がります。学業やサークル活動に加えて、アルバイトをすることもできます。きっと、今よりも時間やお金を自由に使えるようになるでしょう。

　ただし、その自由は、大学生としての責任を果たしたうえで得られるものと考えたほうがよいでしょう。責任とは、もちろん学業です。大学では、自分で受けたい講義を選ぶことができます。つまり、自分で時間割を作ることができるのです。

　しかし、講義は受ければよいというわけではなく、試験やレポート課題において十分な成績を取らないと「単位」として認定されません。つまり、成績が悪ければ講義を受けなかったことと同じになってしまうのです。

　講義内容を理解して初めて、1単位や2単位など科目によって決まっている単位数を取得することができます。取得した単位の合計が進級や卒業の基準数に足らないと、留年することになってしまうのです。

　私が入学した東京工業大学では、1年次は「学部」を細かく分けた「類」に所属し、2年次に進級するときにさらに細分化した「学科」に所属します。希望学科に所属できるかどうかは、1年次の成績によって決まります。そのため、1年生のときには受験の延長のつもりで必死に勉強したことを覚えています。

私は希望通りの学科に所属できましたが、私の周りには希望が叶わない人もいました。入学後に気が抜けて、ついゲーム浸りになってしまったのです。時間やお金の自由度が増すと生活が堕落してしまいやすいので、注意をしてください。

　大学で出会える仲間は、受験という戦いに勝ち抜いた人の集まりです。合格するのに努力を要する大学であればあるほど、ここぞというときに頑張りあえる強い仲間ができるでしょう。私の友人も向上心の高い人が多く、支えあいながら競いあうように上を目指しました。

　私は情報工学を専攻していたのですが、IT関連の企業で重要視されている国家資格に「基本情報技術者」というものがあります。この資格のことを知り、チャレンジすることになったのは、同じ学科に志の高い仲間がいたからです。合格率は20％にも満たない厳しい試験にもかかわらず、一発合格することができたのは仲間と励ましあえたおかげです。

　この仲間達とは「基本情報技術者」の上位試験にあたる「ソフトウェア開発技術者（現・応用情報技術者）」にもチャレンジし、難易度も倍率もさらに厳しいにもかかわらず全員が一発合格しました。このような志の高い仲間と出会うことができたのも、大学受験を頑張り抜いたからだと思っています。

　大学時代には、学業以外にもいろいろなことにチャレンジすることができます。先にもお話しした通り、私は大学でも陸上競技部に入りました。一緒に苦しいトレーニングを積んで苦しみを乗り越えたメンバーとは今でもよく集まっており、かけがえのない仲間となっています。

　部活に入っていなければ、このような仲間と出会えたり、他の大学の人と交流したりすることもできなかったでしょう。箱根駅伝を目指して予選会に出場したものの願いが叶わず皆で涙を流したことも、大学生活ならではのよい思い出です。

　また、私は1年生のときに塾講師のアルバイトを始めました。塾講師を選んだ理由は、「受験で勉強したことを活かせたらいいな」という単純な

ものでした。ところが、生徒が私の説明を「そうなんだ！」と頷いて聞いてくれることがとても嬉しく、日を追うごとに成長していく生徒の姿を見てやりがいを感じるようになりました。

　一生懸命に頑張ってついて来てくれる生徒を見て、私もできる限り分かりやすく教えるために寝る時間を削って授業の準備をしたものです。そんな生徒が合格を伝えてくれたときは、私も一緒になって喜びました。

　塾での経験が、私の将来を決めることになりました。大学で情報工学について勉強したことを活かせる「教える仕事」として、IT系のセミナー講師に従事することになったわけです。さらに、インターネット上で受験生への指導を続けてきたことで、本書を通じてあなたと出会うこともできました。

　大学における経験は、きっとあなたの将来にも大きな影響を与えることでしょう。ぜひ、あなたも大学生になったら様々なことにチャレンジをしてください。

5　社会に出るときに求められる力

　文部科学省の「学校基本調査」によると、2012年の春に大学を卒業した人のうち、就職した人の割合は63.9％でした。2010年から微増傾向にあるものの、このうちの3.9％は正社員ではなく派遣社員などの非正規雇用者となっています。進学した人は19.0％のため、２割以上の大卒者が進学も（安定的な雇用としての）就職もできていないということになります。

　このような厳しい就職状況のなか、

「偏差値の高い大学に入っておけば、将来よい会社に就職できる」

と考えている人が多いのです。きっと、親に「よい大学に入りなさい！」

と言われて育った人も多いのでしょう。でも、現状は決してそう甘くありません。

確かに、親の世代は出身大学などの「学歴」が就職に深く関係することがありました。経済状況がよかった頃は、たくさんの人を採用して従業員を増やせば多くの仕事をこなせて売り上げが上がるため、会社の業績も伸びることが多かったのです。その多くの人を効率よく採用するために用いられた尺度が「学歴」でした。

ご存知のように、現在の経済状況は決して楽観視できる状態ではありません。新入社員を育てる余裕がないどころか、今抱えている社員をリストラせざるを得ない企業も数多くあります。

各企業は即戦力となる人材を求めていますが、少子化の影響で新社会人も減っていく傾向にあります。そのため、各企業の人事担当者は「学歴」に頼ることなく、一人ひとりの資質をじっくりと判断して採用を決めているのです。

それでは、今の企業はどのような人材を求めているのでしょうか。ここでは、9割以上の企業が新入社員の採用や入社後の人材育成において重視している「社会人基礎力」を紹介します。

社会人基礎力とは、経済産業省が「職場や地域社会のなかで、多様な人々とともに仕事をする上で必要な基礎的な能力」として提言しているもので、「前に踏み出す力」、「考え抜く力」、「チームで働く力」という三つの能力から構成されています。それでは、以下で一つずつ詳しく説明していきましょう。

❶前に踏み出す力

前に踏み出す力とは、「一歩前に踏み出し、失敗しても粘り強く取り組む力」のことです。企業の規模にかかわらず、この能力を最も重視する企業が多いようです。前に踏み出す力は、さらに次の三つの要素に分解されます。

主体性	物事に進んで取り組む力
働きかけ力	他人に働きかけ巻き込む力
実行力	目的を設定し確実に行動する力

　仕事に限らず、受験でも必要となる要素ばかりです。人に言われる前に、自ら進んで勉強する主体性は欠かせません。また、目標となる志望校を決めて、合格を目指して勉強する実行力も必要でしょう。時には、友達や先生を巻き込んで勉強を進めることも大切です。

　新しいことにチャレンジし続けなければならないのが「仕事」です。前に踏み出し続ける人は必ず成長します。このような能力をもつ人材が求められるのは、当たり前と言えるでしょう。

　私が就職活動をしたときには、自宅浪人として自分で受験費用を稼ぎながら受験を乗り越えたことが好評価につながり、複数の会社から内定をいただくことができました。

❷考え抜く力

　考え抜く力とは、「疑問をもち、考え抜く力」のことです。考え抜く力は、さらに次の三つの要素に分解されます。

課題発見力	現状を分析し目的や課題を明らかにする力
計画力	課題の解決に向けたプロセスを明らかにし準備する力
創造力	新しい価値を生み出す力

　近年の新入社員は、特に課題発見力が不足していると言われています。受験勉強においても、課題を意識せずにただ量をこなすだけで満足している受験生が多いものです。「解けなかった問題を解けるようにする」のが受験勉強の鉄則です。今のうちから自分の弱点を探し、それを克服しよう

という意識をもっておいてください。

　課題を発見したり、その解決方法を考えたりするためには、その土台として「物事を論理的に考える力」が不可欠となります。日頃から「どうしてだろう？」と考える癖をつけておくとよいでしょう。そのためには、理数系科目や現代文を勉強するときに論理的に理解することを意識してください。

　物事を論理的に考えるためのテクニックとして第5章で紹介した「ピラミッドストラクチャ」や「MECE」を身につけておけば、就職後に必ず役立ちます。

❸チームで働く力

　チームで働く力とは、「多様な人々とともに、目標に向けて協力する力」のことです。特に中小企業においては、この力が重視されています。チームで働く力は、さらに次の六つの要素に分解されます。

発信力	自分の意見を分かりやすく伝える力
傾聴力	相手の意見を丁寧に聴く力
柔軟性	意見の違いや立場の違いを理解する力
状況把握力	自分の周囲の人々や物事との関係性を理解する力
規律性	社会のルールや人との約束を守る力
ストレスコントロール力	ストレスの発生源に対応する力

　チームで働くときには、周りとうまくコミュニケーションをとる能力が必要不可欠となります。その土台となるのが「発信力」と「傾聴力」でしょう。さらに、私が今後いっそう大切になると考えているのが「柔軟性」です。意見や立場の違いに限らず、今後は文化や価値観が異なる人とも一緒に働くケースが増えていくからです。

「今後、社内の公用語はすべて英語に切り替えます」

こんなニュースも、いまや珍しくなくなってきました。特に、海外進出をしている企業にとっては、世界で生き残るために「グローバル化」が求められています。

交通や通信施設など社会基盤の発展により、今後ますます国同士の境界線がなくなっていくはずです。これまでは国内で作って売ることだけを考えていればよかったものが、これからは海外企業と競争をしていかなければならないのです。

日本企業は、海外と比べて給料が高い傾向にあります。例えば、フィリピンと比べると、同じ時間を働いたとしても日本では8倍の給料をもらうことができるのです。これは嬉しいことのように感じるかもしれませんが、企業側から見れば「人件費がかかる」というデメリットになります。同じ仕事をするとしても、フィリピンの会社に依頼すれば8分の1の費用でできてしまうということです。

すでに、日本国内でできる仕事を海外の会社に依頼することは当たり前になってきました。海外の人たちとうまく連携して仕事を進めるときに不可欠となるのが柔軟性です。「将来のために英会話を勉強しています」という人も多いのですが、語学力だけでは足りません。文化や価値観の違いが勘違いを生むことがあるのです。

私は、塾講師として何人かの留学生を教えた経験があります。生徒のなかには、本音を包み隠すことなく、ストレートな表現で厳しい要求を出してくる人もいました。また、時間の感覚については国によって差があるので注意が必要となります。普段はとても真面目に勉強に取り組んでいる生徒が、授業に2時間遅れて、

「僕の国では、時間に遅れたとしても急いではいけないんだ」

と、笑顔で現れたときはさすがに驚きました。

文化や価値観の違いを許容できなければ、外国人とうまく仕事をすることができません。これらの違いを受け入れるためには、他国の文化や歴史などを知っておくことが大切です。大学時代に留学などをして海外の文化に触れる経験をしておくと、必ず将来役に立ちます。

6 仕事で成功するための秘訣

　本章の冒頭でもお話しした通り、「就職」は一つの通過点であり、大切なのはその先にある社会人生活を充実させることです。未来へのイメージをより鮮明にさせるために、ここでは仕事をするうえで大切なことを簡単にお話ししておきましょう。
　まず初めに、充実した社会人生活を送るためには、最初の3年が勝負だと考えてください。何事も始めが肝心と言いますが、仕事でも同じです。最初は、必死に仕事を覚えて、何らかの成果を出すために試行錯誤を繰り返してください。一つの仕事で成果を出すことができれば、「自分の成功パターン」をつかむことができます。一つの成功体験は、ほかの仕事にも活かすことができるのです。
　私は、IT系のセミナー講師として大学生や社会人に教える仕事をしていました。この仕事で、社会人2年目のときに「Instructor of the Year」という賞をいただいたことがあります。この賞は、他社の講師も含めて受講者の満足度が1年間を通して最も高かった講師に贈られるものです。私が日本一の講師になることができたのは、私自身の成功パターンを見つけられたからです。
　多くの人が、人と接するときに「私」を主語にして物事を考えています。
「切りのよいところまで授業を進めたいから、急ぎ気味で説明しよう」

と、自分のペースを貫いて授業を進めようとする先生は、つい自己満足的な説明をしてしまうものです。でも、

「生徒が疲れているようだから、残りの時間は先に進まず復習をしよう」

と、生徒を中心に物事を考える先生の授業は聞いていて分かりやすいものです。

　私が日本一の講師になることができたのも、主語を「あなた」にして考えることを徹底したからです。主語を相手にして考えるテクニックは、人とのコミュニケーションを必要とするすべての仕事に役立ちます。あなたも、最初の３年間で自分自身の成功パターンを見つけることを意識してみてください。

　一度成果を出すことができても、まだ満足してはいけません。実は、「**成功すること**」よりも「**成功し続けること**」**のほうがはるかに難しいのです**。私が「Instructor of the Year」を受賞したときは、今から振り返ると相当浮かれていました。盛大に行われた授賞式で周りの人達にチヤホヤされ、家に帰ってからは目立つようにトロフィーを飾っていました。でも、いつまでも成功体験にしがみついていると成長は止まってしまいます。

　その翌年度は「Instructor 特別賞」という一つ下位の賞をいただくことになりました。上司や先輩達は「２年連続の受賞はすごい！」と喜んでくれましたが、私はセミナーのアンケート結果が悪くなっていたことを知っていたので心から喜べませんでした。

　そこでようやく、自分が浮かれていたことに気が付いたのです。過去の成功にしがみつかず、絶えず前に進み続けなくてはいけなかったのです。

「過去にこだわることは未来を失う」

　イギリスのチャーチル元首相（Sir Winston Leonard Spencer-Churchill, 1874〜1965）も、このような言葉を残しています。彼の格調高い演説は聴衆に大きな感動を引き起こしたといわれ、ノーベル文学賞を受賞したこと

もあります（1953年）。

そんな彼の言葉に凝縮されているように、未来に向かって成長を続けるためには、過去の出来事に縛られないことです。一度成果を出すことができたとしても、さらに前を向いて頑張り続けなければ後退してしまうのです。

「Instructor 特別賞」を受賞したあとの私は、飾っていたトロフィーを見えない所に片づけて受賞したことを忘れるようにしました。そして、より良いセミナーを作り上げるために、さらに試行錯誤を重ねました。

その翌年、私はまた「Instructor of the Year」に返り咲きました。これは、過去にとらわれず成長を続けられたからこそ得られた成果だと考えています。

成功も失敗も、終わったことは「過去」にすぎません。どんな経験も糧にして、今を精いっぱい頑張ることが大切なのです。そうすれば、あなたにも素敵な未来がやって来るはずです。

7 大学生になるあなたへ

本章では、将来を見据えて受験に臨むために、大学生活や就職後のことをお話ししてきました。未来の自分をイメージすると、胸が躍ることもあるでしょう。その弾む気持ちを忘れずに、これからの受験勉強を乗り越えてください。

最後に、これから大学生になるあなたに伝えたいことがあります。

大学に入ったら、ぜひ思いっきり勉強を楽しんでください。もう嫌になるほど受験勉強をしているのに、「また勉強？」と思うかもしれませんが……。

私は、勉強をすることは本当に楽しいものだと考えています。あなたも、

ずっと分からなかったことが解決できたり、新しいことを理解したときに嬉しかったという経験がありませんか。

受験のように「やらされる勉強」や「試される勉強」は、楽しむ余裕がなくなってしまうものです。受験は「自分を磨くための試練」なのだと覚悟を決めて、乗り越えていかなくてはなりません。でも、そのあとは、あなたが興味のあることを、好きなときに好きなだけ勉強することができるのです。ぜひ、楽しみながら勉強をしてください。

さらに、「知識」を「知恵」に変えることを意識すると、あなたの人生がより豊かになっていくでしょう。知識とは「ある事柄について知っていること」であるのに対して、知恵は「物事の道理を悟り適切に処理する能力」のことです。

受験勉強を通して、きっとたくさんの知識を身につけたことでしょう。その知識を「知っている」だけではなく、「使える」ものにしてほしいのです。

2011年に東日本大地震が発生した直後、震源から離れた首都圏でも大きな混乱が生じました。多くの会社員が勤務先で震災に遭い、自宅に帰れない帰宅難民となりました。スーパーマーケットやコンビニには、大量の食料品や日用品をカゴに詰め込んだ人が行列を作りました。

少しでも早く家族に会いたい気持ちは分かりますが、激しい余震が続くなか、暗い夜道を何時間もかけて歩き続けることが最善の判断と言えるのでしょうか。困難な状況のときにこそ、自分で占有するよりも皆で共有することのほうが大切なのではないでしょうか。テレビやインターネットで流される情報によって動揺した結果、多くの大人達が必要以上の行動に走ったのです。

知識や情報は得るだけではなく、どのように活かすかが大切です。これから先、いつ東日本大震災のような危機的状況に襲われるか分かりません。そんなときにこそ、周りに流されない冷静な判断力が必要だと言えるでしょう。

あなたには、今何が起こっているのかを正確に把握して、これまで吸収してきた知識をもとに冷静な行動をとれるようになってほしいと強く願っています。

　知識を知恵に変えるためには「経験」が欠かせません。大学生になったら、ぜひいろいろなことにチャレンジをしてみてください。そして、たくさんの本を読みましょう。本には、ほかの人が得た経験が凝縮されています。本書のようなノウハウを伝える本に限らず、小説などを読むこともあなた自身に磨きをかけてくれるでしょう。

　知っている言葉の質と量が、あなたの考えの深さと幅を決めます。優れた本をたくさん読んで言葉の質と量を増やすことが、あなたの人生を豊かにするのです。

　受験生にとっては、おそらく目の前の合格を勝ち得ることで精いっぱいかもしれません。でも、**受験は一つの通過点でしかありません。合格、不合格にかかわらず、その結果をどのように将来に活かすかが大切なのです。**もし、あなたが受験を通して強くなれたのだとすれば、あなたには輝かしい未来が待っていることでしょう。

　あなた自身の力で、未来はいくらでも変えていけるのです。あなたが受験を乗り越えて、その先にある夢を叶えられることを心から願っています。

付録 試験の持ち物チェックリスト

	重要度	✓	備考
受験票	A		必要であれば、写真も
募集要項	B		
筆記用具	A		鉛筆、シャープペン、消しゴム（予備も用意）
鉛筆削り	B		
時計	A		音がならないもの
携帯電話	B		
音楽プレーヤー	B		
ハンカチ ティッシュ	B		雨や雪のときはタオルも
現金	A		交通費や昼食代など
切符	A		
宿泊券	A		
上履き	A		必要かを確認しておくこと
防寒具	B		ひざかけや使い捨てカイロなどがあると安心
マスク	C		風邪の予防と防寒に
昼食	A		
飲み物	A		
お菓子	C		飴やチョコ、フリスクなど
薬	B		緊張でお腹を壊しやすい人は念のため
目薬	C		眠気予防にも
お守り	A		
参考書 問題集	B		直前の復習に
クッション	C		リラックスして受験できます
健康保険証のコピー	C		
元気な身体	A		
強い気持ち	A		

あとがき

「うまくいかないことばかりで、もう嫌になっちゃう……」

　誰にでも、こんなときがあるものです。もちろん私にも、運の悪いことばかりが続いて弱気になってしまうときがあります。大抵の場合、好きな音楽を聴いたり好きなものを食べたりすれば元気になれるのですが、大きな壁にぶつかってしまったときには簡単に解決することができず、何日間も悩み続けてしまうこともあります。

　そのときのことを思い返してみると、前向きに考えるきっかけを与えてくれたものはいつも同じでした。それは、過去の自分です。夢や目標に向かって挑戦した日々や、それを達成できたときのことを振り返ることで、闘志がふつふつと湧いてくるのです。合格を目指して頑張り続けた日々が、今の私を支えてくれていると言えます。

　きっと、「もう嫌だ」と思いながら勉強している受験生もいるでしょう。でも、よく覚えておいてください。今の日々が、将来のあなたの力になるのだということを。目の前の壁が大きければ大きいほど、それは大きな自信となって、いつか弱気になったあなたの背中を押してくれるのです。

　大きな壁に挑む覚悟を決めるために、私に以下のような合格宣言をしてくれた受験生がいました。

- どうしても慶應義塾大学に行きたいので、必死に勉強をして必ず合格します！

●大学では薬学について学びたいと思っています。薬学部はレベルも倍率も高くて大変だとは思いますが、頑張って絶対に合格します。

●私は同志社大学を受験します。成績が足りずにチャレンジ的な入試ですが、何としても合格するので応援してください！

　メッセージを送ってくれた受験生は、決して成績に余裕があったわけではなく、むしろ合格は厳しい状況でした。それまでの模試で、E判定しか取れていない人もいました。ところが、この3人は全員第1志望校に合格することができたのです。

　本人達は驚いていましたが、私は、メッセージをいただいたときに合格を予感しました。何故なら、彼らは夢や目標を叶えるための三つの条件を満たしていたからです。それは、夢や目標を「具体的に」「断定形で」「宣言する」というものです。

　それぞれのメッセージが、「慶應義塾大学」「薬学部」「同志社大学」という具体的な目標に対して「合格する」という断定形で書かれています。「偏差値の高い大学に入りたい」と考えている受験生が多いわけですが、「この大学に入りたい」という明確な想いが勉強へのやる気につながるということです。

　さらに、合格を目指すのであれば「合格する」と言い切ることが大切です。「合格したい」という目標では、その願望を抱くだけの自分に満足してしまうため、ここぞというときに頑張り抜くことができません。

　三つの条件のなかで最も大切なことは、周りの人達に宣言することです。これによって、自分のなかで覚悟を決められるだけでなく、周りの人達からサポートを受けられるようになります。夢や目標を口にするだけで、実現する確率が大きく上がるのです。

　私は、次のブログで全国の受験生と直接やり取りをしています。

- ●受験生応援ブログ　やる気が出る勉強方法とサクセスシンキングで夢を叶えよう！　http://ameblo.jp/success-thinking/

　ブログ内のメールフォームから、私にメッセージを送ることができます。あなたの夢と目標を叶えるために、ぜひ私に「宣言する」という行動を起こしてください！　ほんの一つの些細な行動が、あなたの今後を大きく変える第1歩になるはずです。

　また、受験生が合格への想いをより強く抱けるように、ブログ読者との「大学見学ツアー」を企画しています。大学の雰囲気を肌で感じられるだけでなく、一緒に頑張る仲間と出会うこともできるでしょう。

　私は、受験生への応援メッセージを送り続けています。もし、受験に不安を感じたときには、ブログにアクセスしてください。本書を読み終わってからも、あなたの力になることができれば嬉しく思います。

　最後に、本書の出版にあたっては、株式会社新評論の武市一幸さんに多大なるご助言と励ましをいただきました。また、同社営業部の寿南孝士さん、青柳康司さん、武市淳さんのご尽力のおかげで、前著同様、多くの読者のお手許に本書が届けられることになっております。心から感謝しています。

　そして、いつも私のことを応援してくださるブログ読者の皆さまにも、感謝の気持ちでいっぱいです。皆さまの温かい応援が、私の活動の原動力になっています。私が皆さまを応援しているつもりが、皆さまの頑張る姿に私自身がエネルギーをもらっているのです。これからも、一緒に頑張っていきましょう！

2013年2月

菅原　智

著者紹介

菅原　智（すがわら・さとる）
1979年生まれ。埼玉県出身。
現役生の時に受験に失敗し、塾や予備校には行かずに自宅浪人することを決断。受験費用を捻出するために、フリーターとして働きながら独学で勉強を進める。独自の勉強法を確立した結果、偏差値が42から82に上がり、英数理で全国6位に。1年後、第1志望の東京工業大学に合格。大学・大学院に在学中、塾講師として受験指導に携わる。自宅浪人の経験から生まれた勉強計画の作り方や、学力に加えて精神力も育てる指導で、数多くの受験生を第1志望校に導く。
受験生向けのブログは1日3万アクセスを記録し、人気ランキングで1位を達成。開催されるセミナーやトークイベントには、全国各地から学生の他、受験生を抱える保護者の姿も多く見られる。
講師歴13年で指導した生徒は3,000人を超える。「勉強を通して、夢や目標を実現する力を身につけよう！」が指導のモットー。
著者に『未来を変える受験勉強──フリーターが独学で偏差値を「42」から「82」に上げた！』（新評論）

●受験生応援ブログ
やる気が出る勉強方法とサクセスシンキングで夢を叶えよう！
http://ameblo.jp/success-thinking/

ゼロからスタートする受験勉強
──自分流で合格をつかみ取る──

2013年4月15日　初版第1刷発行

著　者　菅原　智
発行者　武市一幸
発行所　株式会社　新評論

電話　03(3202)7391
振替　00160-1-113487
http://www.shinhyoron.co.jp

〒169-0051
東京都新宿区西早稲田3-16-28

装丁　山田英春
印刷　フォレスト
製本　中永製本所

定価はカバーに表示してあります。
落丁・乱丁本はお取り替えします。

©菅原智　2013年

ISBN978-4-7948-0939-1
Printed in Japan

JCOPY ＜(社)出版者著作権管理機構　委託出版物＞
本書の無断複写は著作権法上での例外を除き禁じられています。複写される場合は、そのつど事前に、(社)出版者著作権管理機構（電話 03-3513-6969、FAX 03-3513-6979、e-mail: info@jcopy.or.jp）の許諾を得てください。

好評既刊　菅原 智の本

未来を変える受験勉強

フリーターが独学で偏差値を「42」から「82」に上げた！

"やる気が出る勉強方法"と"サクセスシンキング"で，
あなたも夢を叶えよう！
"日本一の講師"がおくる受験勉強のエッセンス。

Ａ５並製　196頁　1680円　ISBN978-4-7948-0907-0

＊表示価格は消費税（5％）込みの定価です

好評刊　受験・学習参考書

新・受験技法　東大合格の極意

最新データ＆ウラ情報満載！"受験の神様"和田秀樹と現役東大生の徹底解析に基づく最強・最速・最新の必勝プラン！

★毎年4月 新年度版発行　四六並製　350頁　1890円

新・受験技法
医学部合格の極意《私立編》

「とにかく医者になりたい」キミに！合格可能性UPにこだわった"私大専願"の攻略法。全国私立医学部29ガイド付。

四六並製　264頁　1890円　ISBN978-4-7948-0922-3

新・受験技法
医学部合格の極意《国公立編》

難関突破のスペックを獲得せよ！国公立医学部に受かるための最強ガイドライン。全国国公立医学部50ガイド付。

四六並製　304頁　1890円　ISBN978-4-7948-0925-4

[改訂新版] 学校に頼らない
和田式・中高一貫カリキュラム

子どもの潜在能力を開花させ，開成，灘，ラ・サールの優等生にも負けない実力をつけるための"使える戦術"が満載！

四六並製　256頁　1575円　ISBN978-4-7948-0916-2

＊表示価格は消費税（5％）込みの定価です

好評刊　受験・学習参考書

樋口裕一
新 大人のための〈読む力・書く力〉トレーニング
東大・慶應の小論文入試問題は知の宝庫

この1冊で"一生モノの文章術"が身につく！2000年代後半以降の新動向を大幅加筆した最強・最新バージョン。

四六並製　244頁　1545円　ISBN978-4-7948-0796-0

松本憲和・久米真美
クイズで学ぼう！古典文法［基礎編］

入試対策にも，社会人の古典再入門にも！ 択一クイズを楽しみながら「古文を正確に読む」力をつける実戦的・決定版文法書！

四六並製　184頁　1680円　ISBN978-4-7948-0878-3

＊表示価格は消費税（5％）込みの定価です